教師のための「聞く技術」入門

家本芳郎 著

高文研

✳――はじめに

教師は教え好きである。人の顔さえみれば教えたがり、ときに、「教えて」と頼まれないこと、教えなくてもいいこと、教えてはならないことまでも教えようする。だからだろうか、大切なことだとはわかっていてもどうも「聞くこと」が苦手である。

教師と子どものコミュニケーションは双方向性なのに、聞くことが苦手だと、一方通行になってしまう。そういう反省にたって、現代の教師には、とくに「聞く力」が求められるようになり、その要請に応えて本書は誕生した。

いわば教師のための「聞き方」入門編である。「聞く力」が身につけば、教師の指導力は一挙に倍増するにちがいない。

本書は、わたしのメールマガジン「教育実践ノート」に四〇回ほど連載した「聞き方の技術」をベースに、新たに書き加えたものである。

なお以前、高文研より『教師のための「話術」入門』を上梓したが、その姉妹編でもある。

本書とあわせてお読みいただければ幸いである。

家本芳郎

もくじ

Ⅲ章 子どもの話をどう聞くのか

章扉・文中イラスト＝広中 建次
装丁＝商業デザインセンター・松田 礼一

Ⅰ章　いまなぜ「聞く力」が必要なのか

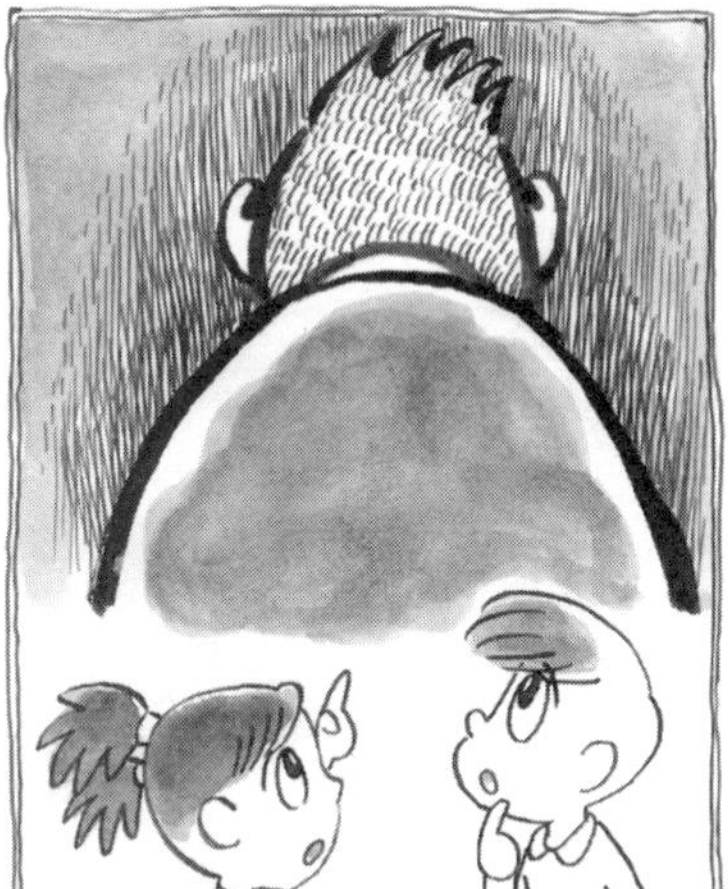

1　日常の「聞き方」への疑問

✣目にした教師の聞き方の実例

ときどき、訪問先の学校で教師と子どもたちの対話を聞くことがある。その光景を見て感じたことは、子どもが教師にいっしょうけんめい話をしているのに、その話を受ける教師が、正しく応じていないのではないか、ということである。

最近、次のような五つの場面に遭遇した。

1．話をさえぎる

「それで先生ね。ぼくたちは急いで……」

「おい、掃除終わったのか」

子どもたちが熱心に語りかけているのに、その話を途中でさえぎってしまった。子どもたちは「掃除は終わりました」と返事をしたが、話をさえぎられたせいか、先の熱弁はしぼんでしまい、話の続きもせずに、教師から離れていった。なにを話そうとしたのか、わからない。喪失感だけが残った一シーンだった。

2．努力を認めない

「先生、わたし、ゆうべは一時間も勉強しちゃった」

「中学生なんだから、そんなのあたりまえだ」

無神経な対応である。「一時間も勉強しちゃった」と、たしかに中学生としては、あたりまえのというより平均からみて少ない勉強時間かもしれない。しかし、「われながらよくやった」と誇っているのだから、ここはその努力を認めて、「そうか、よくやったなあ。やればできるじゃないか。その調子で勉強しような」、こう励ましてやるのが上手な聞き方である。出鼻をくじかれた子どもは悄然として、言葉を失っていた。

3．指導の視点をかえる

「先生、おれ、予習してきたよ」

「復習も大切だぞ」

教師が予習の大切さを説いたので、子どもは予習をしてきて、先生の言ったとおり予習したよと話しかけている。それなのに、指導の視点を突然変更して、「復習も大切」と、逆なでしてしまった。子どもはあっけにとられ、教師への不信をいだくことになろ

う。突然に、恣意的に指導視点を変えてはいけない。

4．図にのって説教する

「先生、やっぱりうまくいきませんでした」

「だから、そう言ったろう。まったくもう先生の言うことをきかないからだ」

子どもが失敗を認め、反省しているのだから慰めて励ましてやるべきなのに、図にのって説教している。子どもはますます救われなくなるだろう。思いやりのない聞き方である。

5．話を聞かない

「先生、ちょっといいですか。増田君が……」

「ちょっと待て。今、いいとこなんだ」

職員室でテレビを見ている教師へ、子どもが話しかけたときの対話である。教師がそのシーンを見終わって、ふと子どもたちはと見ると、もう職員室から出て行っていなかった。そのテレビ番組がどれほど大切なものであったかはわからないが、子どもの話よりだいじというものはないだろう。

こんな光景を見て、教師の「聞く技術」をもっと高めなくてはと考えた。

2　子どもの話を聞く三つの効果

✣教師は教え好き

教師は教えることが好きである。教えることが好きなので、教師になった。教えることの嫌いな苦手な人は教師の職にはつかなかったろう。教師は教え好きなのである。

しかも、教師になって子どもたちに接すると、子どもたちはあまりにも、ものを知らないことに気づき、「これはたいへんだ。教えなくては」という、職業的義務感に襲われる。

こうして、教師は子どもの顔さえみれば「教えよう」となる。たしかに、それが仕事ではあるが、「教える」には「伝える」と「引き出す」がある。教師と子どもとの関係は双方向性なのであるが、教え好きの教師はどうも「伝える」ことが「教える」ことだと勘違いし、「伝える」ことに過剰に熱中する。ときに、ついくどくどした説明になり、知ったがぶりになり、おしつけがましく、おためごかしになり、説教口調になる。

教え好きが過剰化すると、子どもの話を聞こうとしなくなる。そういうと「多忙なので、ゆっくりと子どもと向かいあって話を聞く余裕がない」と言うが、これは「聞く能力不足」か「努力不足」かのどちらかだろう。

なかには、最初から子どもの話を聞く必要がないという教師もいる。子どもの話を聞いたとして「だから、どうなるものでもない。自分の考えは変わらない。子どもは教師の言うとおりに動けばいいのだ」と、そう考える教師もいる。

しかし、時代は変わってきた。教育は教育する側の考えですすめるものではなく、教育される子どもの考えも聞きながらすすめるようになってきたからだ。

✣子どもの話を聞く効果

子どもたちは先生に話を聞いてもらいたがっている。先生と話をし、話を聞いてもらい、なかよくしてもらいたいからだ。

一方、教師としても、子どもの話を聞く必要に迫られている。子どもの話を聞くことは、子どもの指導に大きな効果のあることがわかってきたからだ。

「聞く」ことには、大きく三つの効果がある。

1．現代の子どもは「自分はだめな人間だ」という自棄感情や「満たされていない」という不満感が強い。また、心に葛藤を抱えた子どもも増えている。
そういうなかで、教師が子どもの話をよく聞いてあげることで、子どもに「自分を受け入れてもらえた」「自分を理解してもらえた」「自分は大切にされている」という気持ちにすることができる。すなわち、自己尊重感を育てたり、葛藤に悩む子どもを癒したりすることができる。
2．今の学校は「教える」「伝える」という一方的なコミュニケーションによって、子どもとの関係をつくり、教育しようとしている。
そういうなかで、子どもたちは、自分の話をよく聞いてくれる教師を期待し、だから、好きになり、その話に耳を傾け、信頼するようになる。

子どもに信頼される教師の力は「ほめる力」にあったが、近年「聞く力」も、それと並ぶようになった。子どもの話をよく「聞く」ことで、子どもたちとなかよくすることができるのである。

3．子どもの話を聞くことで、子どものものの考え方・感じ方・見方・行動のし方、要求・意見を知ることができ、子ども理解が深まる。

子どもは、ときに、大人とは異なる考え方・行動をすることがあり、その理由を聞いてみないとわからないことが多い。子どもの話を聞くことで、子どもの指導に役立つ情報を入手できる。

これらの効果を再認識し、子どもの話を「聞ける」教師になるよう努めたい。

3　「きく」指導の課題

✣「きく」には多義的な意味がある

言語や声・音などにたいして聴覚器官が反応を示し活動する「聞く」には、辞書的にはつぎのような意味がある（『広辞苑』『国語大辞典』参照）。

①声や音が耳に入る。耳に感じとる。耳にする。
②音や言葉を耳にして内容を知る。人の言葉を受け入れて意義を認識する。聞き知る。そうだろうと思う。
③他人から伝え聞く。言い伝えやうわさなど耳にする。
④その言葉を聞き入れる。承知する。従う。許す。
⑤よく聞いて是非を判断する。判断して処理する。
⑥答えを耳に入れようとして尋ねる。考えや気持ちなどを問う。「訊く」とも書く。
⑦注意して耳にとめる。傾聴する。「聴く」とも書く。

「聞く」の同音同義語に「聴く」があるが、ふつうは「聞く」を使い、注意深く耳を傾ける場合「聴く」を使う。

なお、「きく」には、「利く」「効く」のほか、大工が「板の厚さをきいて釘を打つ」「広さを柱にきいて戸をつくる」というような「状態を知る」というような意味もあり、じつに多義的な言葉である。

✣「きく」指導で育てる力

ところで、学校の多くの教師、わたしもその一人だったが、子どもたちに教師の話を「きく」ように指導する場合、教師の話を、先の⑦ととらえること、さらに、④として「きく」ように求めた。すなわち、教師の話を傾聴し、その教師の言葉に従うということである。

しかし、時代の変化のなかで、しだいに、教師の話は①としてしか、受け止めなくなった。そこで、力わざを用いて④にしようとするのだが、子どもが「きこう」としないかぎり、「きかない」わけで、そのことから、教師の指導が空転するようになった。教師の話もきかず、私語もふえてきた。

そうなったのは、時代の変化に対応せず、相変わらず④⑦で指導してきたからである。

⑤や⑥は無視し、④だけを求めたからである。
そこで、これからどう「聞く力」を育てるか。

教師の話はまず⑦であることはまちがいない。ただし、「傾聴に値する話」をしないといけない。ついで、②である。よく聞いて理解すること。そのうえで、最後は⑤である。是非を判断して処理する。処理とは「従う」「従わない」「従ったり従わなかったりする」など、多様な行為・行動を意味する。

ここがポイントで、たとえ、教師の話、神仏や国や親の話であっても、是非を判断してのち処理する。無批判に従うことのないようにする。

もし、その過程でわからないことがあれば⑥である。「問う」て、よく理解し、是非を判断して行動する。

そういう「きく力」を育てるのである。

4「聞く」ことは自己の再創造に役立つ

❖話を聞いて対話する

「聞く力」は子どもにとって重要な能力であるが、教師にとっても同様である。

さて、人の話を聞くときは、まず丸ごと聞く。丸ごとというのは受容的に聞くことである。そのうえで、自己の思想や感情と対話する。

人の話を聞いてのち、心の内にて対話すると、自分の感覚や感情や思想を刺激し、波立たせる。「なるほど」と納得することもあれば、「知らなかった」と新しい知識として吸収することもあれば、「……?」と疑問に思うこともある。ときに、「まちがってはいないか」と思ったり、「ぼくは反対だな」そう思ったりすることもある。

人の話を聞くことは、このように、外界からの刺激、感覚や感情や思想を自己の内部に消化することなのである。そして、人は、そのことによって、自己を再創造することができるのである。

しかし、教師の場合、子どもの話を聞くとき、どうだろうか。子どもの話を自己の再創造に役立つものと、とらえているだろうか。

「子どもの言うことなんか」と、はなからバカにしてはいないだろうか。もしそういう例があるとすれば、それは奢《おご》りというものである。

「また、その話か。この子はいつも同じことばかりいう」

「くだらない話を聞くひまなんかないのに」

「どうせ、うそっぱちを並べるんだろう」

たしかに、子どものいうことのなかには、うそもあるし、まちがっていることもある。だが、とりあえず、丸ごと聞いて、自己との対話の俎上《そじょう》にあげることだ。

✣自己を再創造させる力

問題をかかえた子どもがいた。事件をおこしたあと、話を聞いた。

「おれが悪くなったのは先公が悪いからだ」

「そうか。先生が悪いからか。ふーむ」

こう聞いていくと、「小学校一年生のときの先生はこうだった」「二年生のときの先生はこうだった」と、先生の悪口を言いはじめる。同業者の悪口を聞くのはとても辛い。

「……小学校六年のとき、授業中、隣のやつが『どこに書くのか』と聞いたので、教えてやったら、先生が、またおしゃべりしていると怒った」

こう言ったが、実際には、注意したにもかかわらず、おしゃべりしていたので、先生は「また」と言って叱ったのだろう。だが、指導対象となったその行為は、たしかに

「聞かれた」ので「教えてやった」のである。

いいことをしたにもかかわらず、そこを咎《とが》められた。教師のミスだが、子どもは、その一つの過ちをとりあげて、教師の指導を全面的に否定していた。

そういう話を聞いていくと、子どもは状況を無視して、ジコチュウであることがわかる。だが、そのことから教師の指導のありようを学ぶことができた。過去の自分の指導をふりかえってみたのである。

「……そういえば、あのときの、あの子への指導も、こう受けとめられたんだな」と、ずっと前に、おしゃべりを指導して反発されたときのことを思い出した。

こうして、授業中のおしゃべりの指導について総括し、「注意するまえに一呼吸おく」などと、「おしゃべり指導ノート」を上書きすることができた。

子どものどんな話からも自己の指導を見直し、自己を再組織し、再創造することができる。いや、そのように、子どもの話を聞くべきである。これは子どもの話だけではない。人の話には、自己を上書きし、自己を再創造させる力があるということである。それが自覚できるようになれば、人の話、子どもの話を聞くことが、じつに楽しくなる。

Ⅱ章　聞き方のわざをみがく

1　心を「無」にして聞く

✣〝理想的な基準〟で判断

子どもの話の聞き方には、技術があるが、技術以前にだいじなことがある。それは、「心を無にして聞く」ことである。

ところが、これがなかなかむずかしい。

わたしたちは、人を見て、「太っている」「背が高い」「不潔だ」「かわいい」と思う。人を見て「太っている」と思うのは、なにかの基準に照らして「太っている」と思うのである。その基準は、人それぞれが抱いている、人にたいする理想である。人はこのくらいの体重がちょうどよいという基準というか、理想をもっているから、ある人を見て「太っている」と思うのである。

これは人にたいしてだけでなく「うまい、まずい」という味覚も、同じである。「まずい」と感ずるのは、自分の理想の味に照らして「まずい」と判断しているのである。

「背が高い」も「不潔だ」「かわいい」も、すべて、それぞれの理想に照らした判断である。

教師もまた、子どもを見るとき、「子どもとはかくあるべきだ」という自身の理想に照らして見ている。その理想が高い教師は、その理想から遠い子どもにたいしてきびしく評価し、教師の理想に近い子どもは「いい子」だと評価する。

子どもの話を聞くときも、たえず、自身の理想に照らして聞いている。「くだらないことを言っている」と思うのは、「話とはかくあるべきだ」という理想に照らして「低俗だ」と評価するからである。

そうした「理想」は、その人間にすりこまれた基準であって、教師といえども、このすりこみから逃れることはできない。

それはしかたないことなのだが、教師の場合、そのことが子どもたちに伝わることである。たとえば、子どもの話を聞いていて「くだらないな」と思うと、その気持ちは、かならず子どもの心に伝わる。

子どもは教師に話しながら、「あっ、先生はわたしの話をくだらないと思っているな」と感ずる。子どももまた「理想の教師像」をもっていて、その理想像に照らして教師をみているからである。

✣聞きやすい、話しやすい状況

そこで、「心を無にして聞く」必要がおこるのだが、なかなかむずかしい。どうしたらいいのだろうか。

1．子どもにたいして否定的にはたらく基準を修正して「聞く」ことである。

たとえば、「子どものくせに大人の話に口を出す」と見ないで、「子どもなのに大人の話を理解しようとしている」というように。

一度身についた基準を修正することはむずかしいが、「子どものくせに生意気だ」と否定的に見ないで、「子どもは生《なま》ものなのだから生生《なまい》きでいいのだ」としゃれてみたりして、少しでも肯定的に見るようにして、子どもの話を聞く。

2．教師の基準を強く表面に出して聞かないことである。

たとえば、「勉強のできる子どもはりっぱだ」という態度を全面に出して子どもに接すると、勉強の苦手な子どもは、否定されたように感じ、話す前にすくんでしまう。

3．いちばんいいのは、教師自身の理想像を消し去り、先入観や思い込みを捨て、心を真っ白にして子どもの話を聞くことである。日照り続きの砂漠の砂に水がしみこむように、ひたすら子どもの話を聞く。

つまり、子どもの話を対象化して、「ほめてやろう」「評価しよう」「なにかまちがいを探そう」「なにか、おもしろい突っ込みをいれてやろう」「批判してやろう」などといった雑念を捨てて、子どもの話を聞く。ひたすら「なるほど。なるほど」と聞く。子どもの言葉とその感情を丸のまま受けとるということである。

それは、子どもの側からいえば、話しやすい状況をつくることになる。

2 外見から判断して聞かない

❖眼をつぶって聞く教師

子どものころ、わたしたちの話を眼をつぶって聞く教師がいた。

この教師は、たとえば、ケンカした子どもたちを会議室へ集め、話を聞いてくれた。わたしたちは、お互いに「むこうが悪い」と、口角《こうかく》泡を飛ばして言い合うあいだ、この教師は、眼をつぶって聞いていた。

その教師が「なぜ、眼をつぶって子どもの話を聞いたのか」には、理由があった。

わたしが後年、教師になったとき、この教師は校長になっていて、なにかの会合でお会いして、当時の話を聞いたことがある。そのとき、「なぜ、眼をつぶって、わたしたちの話を聞いたのか」その理由を話してくれた。

《……わたしは血圧は高いが人格が低く、子どもの姿・形にとらわれて評価するという悪い考えからなかなか抜けきれなかった。若いころ、そのことで大失敗をした。

学級で盗難があった。犯人と思われる子どもが二人いた。一人は、スラムに住む、姿のみすぼらしい、貧しいみなりをした勉強のできない子ども、もう一人は、軍人の家庭に育ち、きりっとして清潔で、勉強もよくできる賢い子どもだった。

わたしは、二人の言い分を聞いたのだが、後者の子どもの言うことを信用し、前者の子どもが犯人だとしてしまった。犯人だとされた子どもの家族も恥じ、引っ越していってしまった。

しかし、あとで、後者の子どもが盗んだことが判明した。とりかえしのつかないエラーを犯してしまったわけだ。

こういう失敗を再び、犯さないためにはどうするか、悩んだ。

ある本を読んでいたら、江戸時代の名奉行の話が書いてあった。その奉行は、裁判のとき、白洲《しらす》に座る人の姿で判断することを避けるために、その姿が見えないように、障子越しに裁判し、ついに、名奉行と言われるようになったという話である。
その話を読んで、「これだ」と思い、以来、子どもの話を聞くときは、眼をつぶり、外見から判断するのではなく、その言葉とその表現から、子どもの言いたいことをしっかりと受けとめようとした……》
そう話をしてくれた。教師は、身を切られるような失敗を経て「教師」になっていくものであり、教師の技術は、そうした失敗の総括から生み出すことを、このとき、はじめて知った。

✣話すことは癒しの行為

しかし、当時のわたしたちは、そんな理由を知るよしもなく、眼をつぶって子どもの話を聞いていたことは不評で、「居眠りしながら話を聞いている」として、この教師を軽んじていた。

教師の思いと子どもたちのとらえ方には、大きな隔たりがあった。

たしかに、話をしている相手が、眼をつぶって「ふむふむ」とうなずくだけでは、なんとなくおぼつかなく、「ちゃんと聞いていてくれるのか」と、心もとなく感じるだろう。

相手は子どもであるから、話を聞くときは、「聞いているよ」ということが子どもに伝わるように聞く、これが聞き方のコツであろう。

話すことは、情報を伝えるだけでなく、本人にとっては癒しの行為なのである。そのことが忘れられている。

情報を受けとるだけなら「ふむふむ」とうなずくだけでよいが、癒しとするには、その心や感情をしっかりと受けとめてやらなくてはならないのである。

ところが、多くは子どもの話を情報としてしか受けとろうとしない。

「先生、オレ、あたまにきた！」

「またか。しようがないな。あたま、冷やせ」

こういう聞き方である。情報だけ受けとって、「あたまにきた」という心の傷の癒しには、なんの対応もしていない。こういう指導を「冷たい指導」という。指導には「冷たい指導」と「暖かい指導」がある。これは子どもの言葉である。

もっとひどい例では、

「先生、オレ、あたまにきた！」

「なんだ、おまえにも、あたまがあったのか」

これでは癒されないだろう。

3　くりかえす癒しの技法

✣「くりかえし＋の」

わたしの母親は漢字を教えるとき、分析して教えてくれた。

当時の都々逸《どどいつ》に「櫻という字を分析すれば二階（二貝）の女が気（木）にかかる」という唄があった。櫻（桜の旧漢字）は木編に貝という字を二つ書いて、その下に女と書くが、そのもじり唄である。

母親はこの唄のように、わたしに漢字を教えてくれた。たとえば「男は田んぼで力をだす」、なるほど「男」である。むずかしい漢字もあった。「龍」という字は「立て月トコふんまげテ」と覚えろと言われた。なるほど、難なく「龍」になった。

話は変わるが、わたしに弟がいたが、これが泣き虫で、よくいじめられては泣いて帰ってきた。わたしは「泣くな」と叩いた。するとまた激しく泣いた。

ある日、家に帰ると、母親が玄関で正装してわたしを待っていて「仏間へ来い」と言う。いつもとちがう様子である。仏間へいくと「そこへ座れ」と言う。「ご先祖様の前でお前に言うことがある」と。見ると灯明が点《とも》り、線香が揺らめいている。

「お前はなぜ弟を叩くのか。家は安らぎの場所だ。外で悲しいこと、苦しいことがあり、泣いて帰ってきても、家に戻れば心が安らぐ。ところが、泣いて帰ってきた弟をお前が叩く。それでは、弟は外も地獄、内も地獄、行き場がなくなってしまう。弟が泣いて帰ってきたらどうするか。今から教える。その筆で『愛』という文字を書いてみろ」

机の上に書の用意がしてあって、いわれるままに半紙に「愛」という文字を書いた。母親は「その文字をよく見ろ。心を受けてノをつけるとあるだろう。弟が悲しい思いをして泣いて帰ってきたのだから、その悲しい気持ちを受けて『悲しいノ』と言ってあげる。これが兄弟・家族の『愛』というものだ。わかったか」

わたしはその激しい叱正に「はい」と返事し、以降、弟を叩くことはしなかった。そのとき、母親の教えの意味はよくわからなかったが、のちに、教師になったとき、このことを思い出して、ようやく理解することができた。

これは「くりかえしの技法」というカウンセリングの技法である。泣いて帰ってきた弟に「泣くな」という前に「悲しいの」「悔しいの」「痛いの」と、その心を「ノ」をつけて受けてやる。これが「くりかえしの技法」で、この法則は「くりかえし＋の」で

ある。相手が「痛い」と言ったら、「痛い」をくりかえして「＋の」。だから「痛いの」となる。この一言があるかないかで「冷たい」が「暖かい」指導になるのである。

✣癒しとしての聞き方

歌人の俵万智さんの作品に、「寒いねと話しかければ寒いねと答える人のいる暖かさ」という作品がある。「寒いね」と話しかけると「寒いね」と応じてくれる。こんな人がいたらいいね、人生、暖かくなるねというのである。これが癒しとしての聞き方である。

しかし、多くの教師は、子どもが「寒いね」と話しかけてくると、

「熱があるんじゃないの」「薄着している

んじゃないの」と応じる。

これが「冷たい指導」である。なかには「子どもは火の子、寒さに負けるな」と励ます教師もいるが、「子どもは寒がらないもの」という理想的基準をもっているからである。

子どもが「寒いね」と話しかけてきたら「寒いの」「寒いね」と応じ、それから「けど、熱があるんじゃないの」「薄着しているんじゃないの」「子どもは火の子、寒さに負けるな」と言えばいいのである。

最初の「寒いね」の一言があるかないかで、「暖かい指導」「冷たい指導」に大きくわかれてしまうのである。

「冷たい指導」になるのは、教師は子どもの話をまず理屈で聞くからで、子どもの話は〝感情〟を聞くのである。

「先生、オレ、あたまにきた！」

「あたまにきたの」

こんなふうに答えれば「きみの怒りの感情を先生はちゃんと聞いているぞ」と、強く伝える聞き方になり、「暖かい指導」になる。同時に、子どもの心を癒す聞き方にもなる。

4　子どもの話を受けるわざ

✣人柄が見えてしまう、話の受け方

子どもの話を受けるわざのひとつに「あいづち」がある。

「あいづち」とは、漢字で「相槌」と書く。「刀などをきたえるときに打ちあわせるつち」のことで、そこから「相手の話の途中に入れる、短い言葉」を言うようになった。

あいづちのうち方はなかなか難しい。

わたしは囲碁が好き（下手な横好き）で、ＮＨＫテレビの囲碁講座を見ている。対局を放映するのだが、そのとき、解説者と聞き手が出て、大盤の前で、解説する。数年前、梅沢由加里という、当時、初段の女流棋士が「聞き手」だった。聞き手は一年間勤める。

解説者が「白の手番ですが、ここは３三に入るでしょう」そういうと、聞き手の梅沢初段が「そうですね」とあいづちをうつ。また、解説者が「ここを切ると、左辺の黒地が増えるから、ここは切らないで、きちっとつなぐでしょう」というと、聞き手の梅沢

初段は「そうですね」と言う。このあいづちがひどく〝生意気〟に思えた。「そうですね」というあいづちは、「自分も知っていて、同じように思う」という意味である。まだ、よく囲碁を極めないものが、自分よりも高段者の解説にたいして「そうですね」と知ったかぶって知識をひけらかすとはなんたることか。しかもここでの聞き手は、番組をみている素人のレベルにおりて、解説者に対応すべきなのである。「そうですね」を聞くたびに、不愉快になっていた。ところが、わたしと同じように不快感をもった人がいて、梅沢初段に注意したのだろう。「そうですね」と知ったかぶりしなくなった。かわって、「ああ、そうですか」「どうしてでしょう」「切ると、うまくいきませんか」「そうなんですか」と一歩、へりくだってあいづちをうつようになった。

あとでわかったことだが、梅沢初段が、知ったかぶったあいづちをうったのは、あいづちのうち方を知らなかったからであった。「なるほど、そうですか」と言うつもりが、「そうですね」と表現してしまったのであった。

あいづちは、へたをすると、人柄をみられ、コミュニケーションを不通にする危険性をもはらんでいる。あいづちをうったつもりが、逆に、反感をかってしまうこともある。

自分が日頃、どんなあいづちをうっているか、少しばかり気にしてみたらどうだろうか。

✣三種類のあいづち

あいづちは、「相手との話を快く推進するために、話しやすい状態にするために、はたらきかける短い表現」で、相手に「あなたのお話を聞いていますよ」という合図である。あいづちをうつことで、相手がさらに話しやすくなり、会話や対話が快くすすむ。

あいづちには、次の三つがある。

1. 「聞いています」「理解しています」という気持ちを伝え、さらに話をうながす。
2. 同意しないことを伝え、さらに説明や翻意を求める。
3. 意味が不明であることを伝える。

基本的には、この三つである。しかし、実際の社交術としては、2は3に統合される。「反対です」と言わずに「意味がよくわからないのですが」とやんわり伝える。

このなかで、いちばん大切なのは、1である。「聞いています」「理解しています」という気持ちを伝え、さらに話をうながすうなずき方である。ここがよくまちがえられる。

A＝理解します。「あなたの言っていることはわかります」

Ｂ＝同意します。「あなたの言っていることに賛成します」

日本社会では、ＡとＢが峻別されず、「理解」は「賛成」と受けとられるからだ。

教師が子どもの話を聞く場合、ここを押さえて、Ａの立場をとる。「理解しています」という態度である。すなわち、「その内容はともかくとして、きみの言おうとしていることはわかります」ということで、ともかく子どもの言い分の理解につとめることである。この聞き方ができたら、教師としては、まず合格点である。

✣あいづちのうち方

子どもの話を聞くときは、子どもの身になって聞く。批判的に聞こうとしない。批判的に聞こうとすると「先生は、ぼくの話を疑っている」と思う。子どもの話を聞くとき、そう思われたら大失敗である。

前にも述べたように、予断をもって聞かないことである。相手の話に乗って、子どもの言い分をまず理解しようとする。

わたしはクラシック音楽が好きで、こうして書いているときも、たえず、音楽が流れている。よく「クラシック音楽は退屈だ」と言う話を聞くが、音の流れに乗って聴くと退屈しない。だが、流れる音を対象化して聴くと、退屈する。

子どもの話も、話の流れにそって聞く。そのとき、あいづちをうつと、話の流れがさらによくなる。では、具体的にどうあいづちをうつといいのだろうか。

1．うなずく。理解していることを伝えるためである。

①小さく、ときに大きくうなずく。小・大は感動の大きさをあらわす。

②早くうなずく。もっと話してほしい。

③ゆっくりとうなずく。「よくわかりました。言っていることを理解しました」

④表情も大切。眼を細め、笑顔をつくると、子どもがさらに話しやすくする。

⑤よくないうなずきもある。あごをしゃくるような浅いうなずきの連発は「わかったわかった。もういいよ」という中断の意味を伝える。子どもにはこういううなずきはしないようにしたい。

2．あいづちには、「即座のあいづち」と「間のあるあいづち」がある。たとえば、

a「母が入院しましてね」「あら」

b「母が入院しましてね」「………そうですか」

どちらがいいかは一目瞭然である。話をもりあげていくにはテンポよく「即座のあいづち」でよいが、暗い話には「間のあるあいづち」を採用すべきだろう。

3．よく「ほんと！」「うそ！」と、感嘆句を表現する人もいる。ぐっと座をもりあ

げるときに使うが、少し座に媚びた「持ち上げる表現」である。

子どもと雑談するときには「えっ、ほんと!」「うそっ!」とあいづちをうってよいが、フォーマルな場面、進路相談や個人面接のような場では、使わないほうがいい。

なお、真面目な人は「うそっ!」とあいづちをうつと「うそついているって言うんでか」と突っかかってくる例もあるので、ご用心。

✣受けの言葉を蓄えておく

あいづちは身体表現だが、短い言葉をそえると、さらに効果があがる。その短い言葉は、子どもの話にたいする短い感想で、むろん、肯定的な評価である。

その基本は、たとえば、子どもがおもしろい話をしてくれたら、「おもしろい話だあ」と受ける。こう受けると、子どもは二つのことで感動する。

1「先生がわたしの話をちゃんと聞いてくれた」

2「わたしの話を喜んで聞いてくれた」

まとめれば「ほめてくれた」となり、うれしくなって、ますます話に熱中する。

しかし、子どもの話の途中なので、長い言葉より短い言葉で受ける。「なるほどね」と感心したり、「そうかね」「それでどうしたの」「いやあ、驚いたなあ」という短い感嘆句、感投句をはさんだりするといいだろう。

こういう「受け」ができるのは、共感して聞くからである。

あるとき、子どもが「母親の帰りが遅くなったので、わたしが家事をした」という話をしてくれたことがある。「たいへんだったなあ」と言ったら、子どもはほろりと涙を流した。

このように、子どもの話にあわせて、こわい話をしたら「こわいなあ。背筋がぞくぞくしてきたぞ」と受ける。

そういう受けの言葉を教師はいくつも蓄えておくといい。

「ほう」「ふーん」「あら」「はいはい」「おやまあ」「へえー」「そうなの」「なるほどね」こんな言葉がよく使われる。さらに、「なるほど」「よく考えたなあ」「すごいなあ」「心にしみる話だなあ」「がんばったじゃないの」「みんなびっくりしたろう」「いちゃく、有名人になったな」「おかしいなあ。変だなあ。どうしてそうなるんだろう」「不思議だなあ。どうしたんだろう」「いつ、そんなことしたの」「お母さんも喜んだろう」「合格、まちがいなしだ」など。

✣自分の癖を知って直す

ところで、人の話の受け方には癖がある。わたしはいっとき、あいづちを研究したことがある。

わたしの隣席にいた女性教師は、なにをいっても、あいづちは一種類。「へぇー」という驚きの感嘆の声である。子どもがつけたニックネームが「へえ先生」でも、人気があった。

校長は「ふむふむ」であった。なにを言っても「ふむふむ」とあいづちをうつ。鼻の先であしらわれているようで、話しづらかった。

教頭のあいづちは「あれっ」であった。

「教頭先生、教室の窓ガラスが割れました」

「あれっ」

「じつは、子どもがですね。世界地図をもって歩いてきたらですね。ぶつかって」

「あれっ」

話の内容にかかわらず、大げさにあいづちをうつので、これも話しづらいこと。

教務主任は「ほう」とあいづちをうつ。話の内容にはまるといいのだが、はまらないと、ばかにされているようであった。

「休日出勤にするのはやめたほうがいいと思います」

「ほう」

『ほう』じゃないでしょう。みんな疲れているんですから」

「ほう、ほう」

生徒指導主任は「おう」である。

「どうしますか。保護者にきてもらいましょうかね」

「おうおう」

「それとも校長に話しますかね」

「おうおう」

「どうしますか」

「おうおう」

威張っていて尊大に聞こえた。

こういう癖は、どちらかというとベテラン教師に多い。だんだんと年経りながら話法が固まってきたのだろう。

ときに応じて、いろいろな受け方ができるようにしたいものである。それは、自分がどのように受けられると、気持ちよく話ができるか、観察していくと、しぜんに、ときに応じて、じょうずな受け方ができるようになる。

5　聞くときの自己開示の技法

✣ほどほどの自己開示

人の話を聞くことが退屈なときがある。しかし、この人の話は退屈でも聞いてあげたいと思うような場合がある。そんなとき、受け身で聞いていると、ますます退屈するから、能動的に聞くようにすると、楽しく聞けるようになる。

能動的に聞くには、「あいづちをうつ」という簡単なことから、少しむずかしいが自己開示という聞き方が効果的である。

たとえば、「そのとき、ぼくは先生に叱られて、廊下へ出されて立たされたんです」という話を聞いたとき、

「わたしも廊下へ出されてよく立たされましたよ」と自己開示する。

「そうですか。やはり小学生のころですか」

「はい」

「昔の先生は荒っぽかったから。それで……」と話を続けていく。

自己開示の聞き方は、相手に「あなたの話をよく聞いていますよ」というメッセージを伝えるから、相手は気持ちよく話をすすめることができ、結果的にその人に好意を抱くようになる。

しかし、この場合の自己開示には、ほどほどさが求められる。自己開示が長話になり、相手の話を横取りしてしまっては元も子もなくなる。といって、そっけないのもよくない。ほどほどがいい。

そのほどほどさとは、対等の対話の場合の自己開示は同量でいい。わたしはそれでも、相手が五〇％自己開示をしたら、自分は四〇％、心持ち少なめに自己開示する。

しかし、「相手の話を聞く」という立場にあるときの自己開示は、うんと少なくする。先の例のように、「同じ経験をしました」というように、概略か、タイトルだけでよい。相手が興味を示し、さらに、聞いてきたら、先のように「小学校のころです」と言葉少なめに答え、相手に、「当方のことはさておいて、さらにその続きの話をするように」という、態度を示してうながす。

聞かれたこと以上の自己開示をすると「でしゃばり」になるから、聞かれたことにだけ、言葉少なく答えるのがほどほどの自己開示である。

これは、相手が同僚でも保護者でも、子どもの場合でも同じである。

✣自己開示の裏技

ただし、自己開示には裏技がある。

自己開示は自分の経験を話すことだから、その経験がないと話ができない、そう思いこんでいる例が多い。

しかし、経験がないということも、話題になるのである。

自己開示には「わたしも経験がある」という場合と、「そんなことは経験したことがない」という、ふたつがある。自己開示は「経験したこと」だけでなく、「しないこと」もあるということだ。

たとえば、子どもが得意になって、「先生、珍しいでしょう」と話をしているとき、「そんなことは、先生も経験があるよ」と自己開示すると、その独占話題の値が下がり、なんとなくしらけてしまうから、そんな場合は「先生は経験したことはない」という自己開示で評価してやる。

「そうかい。先生は経験したことないなあ。それは珍しい話だよ。おもしろいなあ。よかったじゃないか」と評価する。子どもは「先生も経験していないことを自分は経験したんだ」と高揚した気分になれる。
そんな自己開示も、聞き上手の技法である。

6　パフォーマンスをそえて聞く

✣思わず机を叩いた

子どもが昨日の地域少年野球大会の試合の様子を話してくれた。選手として出場したその子どもは、よほどうれしいことがあったのだろう。眼を輝かせ、紅潮して話してくれた。

「……それで、ぼくね、頭からすべりこんだの」

「頭から！　やったなあ。それで？」

「セーフ！」

「やったじゃ！」

わたしも興奮して思わず、にぎりこぶしで机を叩いてしまった。

子どもの話はいろいろある。うれしい話、こわい話、おもしろい話。そういう話を子どもが興奮して話してくれたら、聞くほうも、身を乗りだし、高揚した気分で聞く。そして、最高に盛り上がったところでは、パフォーマンスをそえて聞く。

わたしは右拳で机を叩いたが、ガッツポーズでもいい、手を打ってもいい。腹をかかえて、ひっくり返ってもいい。身体表現をそえて聞く。

✣身体表現によっても聞く

あるテレビ番組、たしか「新婚さん、いらっしゃい」だったと思うが、落語家の桂三枝《さんし》が、ゲストの話を聞いて、びっくり仰天、ずっこけて椅子から転落するシーンがある。

そのずっこけパフォーマンスが、その番組の「うり」になっている。「あきれた話だが、おもしろく愉快な話だった」と、これは評価しているのである。番組を見るほうも「今日の三枝は何回、椅子からずっこけて落ちるだろうか」と、楽しみにしている。

教師はそこまでやる必要はないが、いっしょうけんめい話をしてくれた子どもに、言葉では表現できない気持ちをジェスチャーによって伝えるのである。それは、「先生は感動した」「おもしろい話をきかせてくれて、ありがとう」という感謝の気持ちを子どもに伝えるという意味をもっている。

これから、子どもの話は、言葉と身体表現によって聞く、つまり、全身で聞いてほしいものだ。そういう教師に子どもたちは寄り集まってきて「聞いて、聞いて」とせがむようになる。

子どもがどれだけ教師に近寄ってくるか、その頻数は、教師の力量のひとつのバロメーターである。

7　聞き上手の五つのセオリー

✣五つの聞き方

いつも子どもたちが群がって寄っていく教師がいる。反対に、だれも寄りつかない教師がいる。子どもたちが寄りついていく教師には共通性がある。その一つが聞き上手ということである。子どもたちの話をじつによく聞いている。どう聞いているのだろうか。

1．肯定的に聞き、否定的に聞かない。

たとえば、子どもが心霊術の話をする。教師は聞いていて「そんなものを信じているのか。もっと科学的に考えたらどうだ」「先生はそんなバカなことは信じないよ」と言う。こういう聞き方は、子どものなかに、不安感を抱かせ、しだいに、その教師とのすきまを広げさせていく。

ここでは、たんなる世間話なのだから、子どもたちが気持ちよく話せるように「そうか」「へーえ」と聞いてやる。教師が利口ぶり、知ったかぶって「それはちがうだろう」など、否定することはない。子どもの話は肯定的に聞いてやる。そうすると、子どもはいっしょうけんめい、教師に聞いてもらおうとして、話かけてくるようになる。

2．まちがいがあっても許容する。

子どもの話はつじつまの合わないことが多い。昨日の話のはずが、去年の話になったり、主語が途中で変わったりする。聞き手を説得しようというのではないからだ。

だから、些細な矛盾にとらわれず、揚げ足をとったり、まちがいを責めたりしないことだ。子どものいわんとする主題や感情をまっすぐに聞いてあげる。

3．話の腰を折らない。

教師はすぐに子どもの話にたいする評価を入れて、流れを断ち切る。

あるとき、子どもが自分の父親を「あのくそじじいが」と言うから「自分の親をくそじじいなんて言ってはだめだ」と言うと、「話しづれえなあ」と口をつぐんでしまったことがあった。ともかく、話の流れを断ち切らずに、一気に聞くことである。

話の途中に、「ちょっと待って。今、変な音がしなかった」、「その話、どこかで聞いたことがある。それ、いつかテレビでやっていたぞ」などと、話の気勢をそいだり、知ったかぶりしたりして話のじゃまをし、話の続きをだめにするような聞き方がある。とても話しづらい。

大人の会話では、わざと話の腰を折ることがあるが、子ども相手にはしてはならない。なんとなく、軽く扱われているような不快感を与え、しだいに信頼感を喪失させる。

4．だいじな話を聞く場合、気が散るものは遠ざける。

子どもの視線のなかに動くものをおかない。テレビを消す。戸や窓を閉める。また、音もなるべくシャットアウトする。携帯を切る。人の話し声のしないところに行く。

5. 子どもの話にすばやく反応する。

くりかえしの技法を用いることは前に述べたが、さらにプラスして、

a 「なるほどね」とあいづちをうつ。

b 「大成功だったね」と感心する。

c 「それでどうしたの。怒られたんじゃないの」と、その先の話を促す。

d 「よく乗り遅れなかったね。どうしたの」と少し質問してみる。

いずれも、話をはずませる聞き方で、間接的に「きみの話をよく聞いている」ことを示している。

✣自己愛を充たす聞き方

この五項目に共通する教師の態度は、一言でいえば、「子どもを傷つけない」ということである。この五つのことを守っただけで、子どもの話の聞き上手になることができる。

ただし、この五つのことを守って話を聞こうとすると、そうとうにがまんしなくては

ならない。教師としての言いたいことをぐっと押さえ、話したいことはひとまず胸にしまいというように、自分を制御し、統制できなくては、子どもの話を聞くことはできないのである。

子どもは自分の話をよく聞いてくれる教師が好きになる。心理学的には自己愛を充たしてくれる人に好感をもつようになるからだという。

こんなことに気をつけて聞き上手になることだ。聞き上手作戦は、まずは自分との戦いといってもよいだろう。

8　ときには忍耐も必要

✣最後まで聞くといいことがある

「聞く」には「忍耐」が必要である。忍耐というような堅苦しいことはあまり好きではないが、「聞く」ことにとって、これはだいじな力量である。

子どもの話はおうおうにして下手である。省略が多く、主観的で、感情的で、語彙も不足し、表現も未熟で、聞くのにはかなりの辛抱がいる。そのうえ、多忙ななかでは、時間を浪費しているように思える。

つい、「それでどうしたの」「結論を言いなさい」「早く言いなさいよ」「要するに、なんなのよ」「くどいんだよ、話が」「そのこと、さっきも言ったのに」

こんな言葉が出てきてしまう。これは忍耐不足である。

とくに、話し下手の子どもは、なにを言おうとしているのかはっきりしない。もごもごと口ごもる。話がそれる、くどい。

だが、その根っこには、自信の喪失、劣等感がある。自信のなさがおろおろした語り口になってあらわれるのである。そういう相手に「早く言いなさいよ」「要するに、なんなのよ」とせっつくと、ますます自信を失ってしまう。

忍耐強く聞くことだ。大切なことは、「最後までゆっくり聞く」ことである。最後まで聞くにはさらなる忍耐を要するが、その努力にふさわしい価値を手に入れることができる。

人は最後まで話を聞いてくれた人に、感謝の気持ちを抱くようになる。聞くだけで感謝されるとは、じつに効率がよい。しかも聞いてもらったことで、自信がつく。

最後まで話を聞くには、途中で、言葉をはさまないことだ。相手の話の腰を折ることになる。言葉をはさんだために、話があらぬ方向へ行ってしまうこともおこる。

そうならないように、相手が話しやすいように聞く。すでにふれてきたように、うなずいたり、感嘆詞を投げ込んだり、「それで」と促したり、自己開示しながら聞いていく。辛抱強く最後まで聞く。

最後まで聞くと、子どもがなにを言いたかったのかが、ようやく見えてくる。

「ああ、こういうことを言いたかったんだな」

最後まで聞く辛抱がないと、なにを言いたかったのかが分からずじまいになる。これは指導にとっての損失である。

✣感情を聞くとつらさが軽減できる

ただし、忍耐強く、最後まで聞くのは、つらい。そのつらさを少しでも軽減したかったら、話の内容とともに、その感情を聞くことである。

子どもがなにを教師に話そうとしているのか、話の裏を流れる感情を理解しようとする。子どもが発見した驚きや喜びを伝えようとしているのか。甘えたいのか。いじめられている苦しさを訴えたいのか。だれかを憎んで排除したいのか。家庭での悲しみを聞いてもらいたいのか。

このように感情を聞こうとすると、聞く忍耐もかなり和らぐ。話の内容は、自分勝手で攻撃的で、憎悪に充ちていて、あまり芳しくないが、内側に流れる感情を知ると、やさしい気持ちになれる。

子どもの話がよくわからないのは未熟のせいだが、教師仲間にも、なにを言いたいのか、よくわからないことを言う人がいる。そうなるのは、隠されたメッセージや感情を婉曲に伝えようとするからである。真意を知られないように、糊塗しながら伝えようとするからである。

だが、辛抱強く感情を聞いていくと、「このことを言いたかったのか」と、真意が理解できる。それでも分からなかったら、裏技を用いる。酒を飲ませて酔わせると、あっさりと真意をしゃべりだす。

しかし、子どもの場合、酒を飲ませるわけにいかないから、辛抱強く聞くしかないのである。

9　聞き下手は話し下手

✣聞き下手、話し下手の例

人間の能力は、おもしろいもので、右手と左手と別々のことをやろうとしてもなかなかできるものではない。相互に関連しているからだ。

同じ意味で、「聞く」「話す」も関連しあっている。聞き上手は話し上手で、逆に、聞き下手な人は話し下手である。したがって、聞き方を研究すると同時に、自分の話し方について、これは、研究というより、反省してみるといいだろう。聞き下手な人は共通して話し下手であるから。

さて、聞き下手な教師の話には共通した欠点がある。

まず自分のテーマで話す。自分の興味と関心をもったことしか話さない。わたしの友人に、環境問題のうちの、とくにゴミ問題にとりくんでいる活動家がいる。生涯の仕事としてとりくんでいる。それはりっぱなことで、わたしも尊敬しているのだが、周囲はいささか辟易している。いつでも、どこでもところかまわず、「ゴミ運動」の話をする。

先日も、ある教頭の退職祝いがあった。その席上、得々とゴミ運動の話をした。ここは退職者の思い出を語り、ご苦労さまだったと労りの言葉をかけるべきところなのに、ゴミ運動の話をし、ゴミ運動をしてこなかった教師は、資本にだまされた「だめ教師」

だときめつけた。その教頭はゴミ運動に無関心だったから、「だめ教師だった」と評価されてしまった。せっかくの退職祝いが台無しになってしまった。

話し下手は、話すうちに自分の話に酔ってしまい、くどくどと話す。押しつけがましく話す。そして、その話に興味を示さず、熱心に聞かないのは、環境破壊者だという。

この人を含めて、一〇人くらいの集まりがある。だが、この人は相手の話をろくに聞かない。ある方が夫婦でヨーロッパに旅行したという話をすると、「そんな悠長な旅をしている間に、日本の環境はゴミによって汚染されている」と、旅行の話を遮って、ゴミ運動の話をする。相手の話に興味を示さないのである。

わたしは、「それぞれが自分の状況に応じて環境問題にとりくんでいるのであって、自分と同じようにゴミ運動にとりくまないからといって、これを非難するとはけしからん」と怒るのだか、わかったのか、わからないのか、また、元に戻ってしまう。

話といっても、特別、おもしろい話でもない。そうバリエイションがあるわけでないから、同じことしかいわない。くどいのである。同じ話を何回もするから、聞くほうは「またか」となる。どんなに正しい話でも、くどいと「もういいかげんにしろ」となる。

どうして、こうなったのか。

焦りである。自分の生きているうちにゴミ運動の成果を実現しようとする焦りである。

人類が何千年もかかって捨ててきたゴミが、そう簡単に解決するとは思えない。「拙速だ」というが、聞く耳をもたない。そのうち、みんなもいやがって、「次から呼ぶのはよそう」と言い出した。

✣「話し上手」は「聞かせ上手」

この人を見ていると、「聞く」「話す」は裏表で、どちらも下手だということがわかる。まとめると、話し下手には次の二つの問題点のあることがわかる。

1. 自分の興味や関心のあることしか話をしない。自分の提供する話題が唯一最高だと信じている。だから、話がくどく主観的で、押し付けがましい。自分の話に酔ってしまい、自分の話に強い関心を示さないものは、軽蔑に値するやつだととらえる。

2. 相手の話はろくに聞かない。興味を示さない。自分の関心に遠い話だと、低俗な話題だとして、さえぎったりする。

これは極端な例だろうが、こうした欠点をもった話し手は少なくない。たとえば、教師が問題の子どもを指導するときの態度とそっくり同じである。教師の論理をふりかざして一方的に子どもをきめつけ、子どもの話を聞こうとしない。

では、話し上手になるには、どうしたらいいのだろうか。まず、子どもたちの聞きたい話をすることである。教師自身の興味や関心から話すのではなく、子どもたちの興味や関心から、話を出発させるということである。今、子どもたちはなにを聞きたがっているのかを知って、その話をすればいいのである。

そうすれば、あたりまえのことながら、子どもたちは教師の話を聞くようになる。つまり、「話し上手」とは「聞かせ上手」のことなのである。

聞きたい話をしてくれれば、相手も興味をもって、その話題に参加してくるから、今度は、その話をよく聞いてやる。こうしたアプローチで接すれば、まず聞き上手につながる話し上手になることができる。

10　話したいことを聞く

✣ある夫婦の会話

近くに、夫婦だけで生活している一組がいる。

食事どきになると、夫婦が話し合う。だが、奇妙な対話である。

妻「大根が高くなって。一本一五〇円もするんですよ」
夫「そこの四つ角で交通事故があったんだな」
妻「ほうれんそうは安いんですよ。一束、五〇円ですよ。ほうれんそうを出荷した農民はいくらももうからないでしょうね」
夫「ダンプカーとタクシーがぶつかったらしい。救急車もきてね。タクシーの運転手がひどく怪我したらしい」
妻「田舎のお父さんも言ってました。野菜は値にばらつきがあって、困るってね」
夫「携帯電話をしていて事故をおこしたらしい。血が流れていたから生死にかかわるんじゃないかな」
これが夫婦の会話である。お互いに順番に話をしているのだが、それぞれが相手のことにかかわりなく、自分の話をしている。相手かまわず、自分のしゃべりたいことをしゃべっている。人間とは、かくもジコチュウなのである。

✣ただただ聞いてあげる

退職した教師の集まりをもっているが、そこでも似たような情景にぶつかる。
Aさんが「こないだ中国へ行きましたが、ずいぶん変わりましたね」と話しはじめた。

すると、Bさんが「そうですか」と、その話をさえぎるように、「じつは、宮沢賢治はですね。妹とどんな関係だったか、おもしろい話があるんですね」と、得得と話しだした。

Aさんは中国の話をしたいのだから、「どう変わったのですか」と聞いてやるのが、話し手の意にかなった対応である。人は話したいことをいっぱいもっている。その話したいことを興味深く聞いてあげるのが交わりの技術である。こうして、よく聞いてあげたあと、Bさんは宮沢賢治の話をすればよかったのである。

しかし、Bさんは、自分の話したいことをまず聞いてもらおうと、相手を押し退けて前へ出てしまった。

聞くことは相手を受け入れることである。聞いてもらううちに、聞いてくれる人に身をゆだねるような快い気持ちになり、いっそう身近な存在となって、親近感を抱くようになる。

ところが、Bさんは、反対に、Aさんからしだいに、遠のくように対応してしまった。Aさんの心に、Bさんへの不信の棘《とげ》がささってしまった。この棘がやがて肥大して、Bさんはきらわれることになる。

世間に、もしも聞き上手というすべがあるとするなら、その人の話したいことを、たただ聞いてあげるということではないだろうか。

しかし、教師はなかなかそうはなれない。Bさんタイプが多い。

子どもが、先生に話かけてくる。聞いてもらいたいものをもっているから話しかけてくるのである。さらに、聞いてもらうだけでなく、なにか、ほめたり、感嘆したりしてもらいたいのである。

そういう子どもの気持ちは、顔色や言葉つきでわかるから、よく聞いてあげて、「よかったね」「すごいね」「うれしかったでしょう」と、感嘆し、ほめてあげる。

これが子どもの心にかなう聞き方である。

11　評価して聞く

✣二重に高い評価を与える聞き方

わたしは読書会に参加している。一冊の本をきめ、みんなで読んできて、分担してレポートする。そのあと、話し合う。

あるとき、その話し合いのなかで、Tさんがなにか言ったら、Kさんが、その話を受けて「それ、いい話ね。メモしておかなくちゃ」と急いでノートしたことがあった。聞き方にはいろいろあるが、これはすごい聞き方だと感じた。ただ、聞くだけでなく評価して聞いたからだ。

「いい話ね」、これは評価だが、「メモしなくちゃ」とは、そのTさんの話が飛び抜けてすぐれていたことを評価したことになる。二重に高い評価を与えたことになる。それも何気なく言ったのである。

たぶん、Tさんも、そう言われたことで自信をもち、同時に、Kさんという人物の人間性にますます信頼をよせるようになっただろう。

人の話を聞いたとき、どう応答するか、いろいろあるが、このKさんの例から「評価する」という聞き方のあることを知った。

そういう観点で、人々がどのように「評価して聞いているのか」注目していると、意外に、身近なところで発見できた。

✣聞き方のわざ

先にも書いたが、わたしは退職した教師の集まりに参加している。そのなかにMさんという方がいる。この方がじつはたいへんな聞き手であることがわかった。

わたしがなにかを話したら、「その話、おもしろいな。覚えておこう」、こう言ったのである。また「その話、おもしろいな。使わせてもらおう」「覚えておこう」「使わせてもらおう」とは、いい言葉だ。「記憶するに足るいい話だ」「人にも使えるいい話だ」とほめてくれたのである。

わたしはなんとなく、うれしくなったことを覚えている。そして、また自分の話をMさんに聞いてもらいたいなと思うようになった。Mさんの聞き方をみていると、無意識のうちにだが、いろんなわざを飛ばしていることがわかる。

Fさんが軍隊の話をしたことがある。その話を聞いたあと、Mさんがいった。

「その話、親父に聞かせたいなあ。きっと喜ぶと思うよ」

「だれだれに聞かせたいほどいい話だ。しかも、喜ぶほどのいい話だった」と、かなり高い点をつけて評価していたことになる。

子どもの話も、評価して聞いてみてはどうだろうか。子どもが話をする。

「いい話だなあ。メモしておこう」

「いい話だなあ。学級通信で紹介しよう」

「その話、おもしろいなあ。隣のクラスで話してやろう」

「先生は今、論文書いているんだ。その話、載せさせてもらうよ」

「いい話だなあ。今度の職員会議で先生方に聞いてもらうことにしょう」

こうほめられた子どもは、どんな気持ちになるだろう。

12　アプローチの情報を入手する

✣セールスマンの二つのタイプ

わたしの家によくセールスマンがくる。仕事の手を休めて、話だけは聞くことにしている。そういう訪問販売の仕事ぶりをみていると、上手、下手のあることがわかる。

わたしの家にくる富山型の置き薬屋さんが二人いる。

その一人のAさんは、わたしに「おいくつですか」と聞いた。「いくつです」と答えると、「そうですか。年をとりますと血圧が上がったり、眼がかすんできたり、かたいものが食べられないのでよくお腹をこわしたりします。肩凝りも激しくなりますしね。お気をつけたほうがいいですよ。当社の薬箱には、そうした症状にあわせた薬が……」

と薬箱を開いた。

もう一人の置き薬屋のBさんも、「失礼ですが、おいくつですか」と聞いた。「いくつです」と答えると、「お若いですね。そんなお年にはみえません。それにお元気そうですね。薬などもってきて、これは失礼しました」

「いやいや、元気じゃありませんよ。年をとりますとね。血圧が上がったり、眼がかすんできたり、かたいものが食べられないのでよくお腹をこわしたりします。肩凝りも激しくなりますしね」

「そうですか。そんな場合、どうされているんですか」

「医者にいけばいいんだけど、それほどのことでもないし、それにめんどうでね。なにかそんなときに飲むいい薬はあるかね」

✣情報を入手する「聞き型」

総じてしゃべりすぎプロパーは「成績が悪い」ようである。

これは月賦販売員から聞いた話だが、これまでのセールスマンは「相手にしゃべらせるな」という「トーク型」、先のAさんの例。近頃は「相手にしゃべらせろ」という「聞き型」になったという。先のBさんの例である。

トーク型の原形はどうやら「揣摩《しま》の術」のようである。「揣摩の術」とは相手の考えていることを知り、これを巧みにいいくるめるという術である。紀元前、中国の戦国時代に開発された言語技術である。当時の縦横家が舌先三寸で合従《がっしょう》連衡を説いて回りながら開発した。この技術が近代化されトーク型となったようだ。

しかし、価値観が多様化するなかで、相手の意を知ることが困難になってきた。そこで、「聞き型」に変わってきた。聞き型になったのは、相手にアプローチする情報を入手できることだ。相手がなにを欲しているのかが理解できることだ。

よくその例にだされるのは医師だ。医術は占いとちがうから「椅子に座ればぴたりと病名をあてる」というわけにはいかない。スナップ診断術で、だいたいの様子は分るが、誤診があってはならないので、処方に必要情報はすべて患者から聞き出している。

診察室の医師の前に座ると
「どうしました」と聞く。

「頭が痛く、咳が出て、からだがだるいし、熱っぽいのです」

「そうですか。お腹の具合はどうですか」

「お腹はなんでもないんですが、胸のあたりが苦しいんです」

こう問診しながら打診したり聴診器をあてたりして情報をえる。その情報に基づいて処方する。すべて、患者の口と体から「聞いて」情報をとり、その情報に基づいて処方し、治療している。

以上のことは、教師の場合にも通ずることである。子どもの話をよく聞く。聞いていくと、その子どもの生活や性格、その問題点や心の葛藤もみえてくる。つまり、その子どもにどうアプローチすればいいのか、そのポイントがみえてくる。ポイントがわかれば、ほぼまちがいなく指導できる。よく聞くことだ。

13 聞く声のトーン

✣返しの声、対応のトーン

聞き方の上手な教師をみていると、「返しの声のトーン」に工夫がみられる。

その工夫とは、子どもの話に応じて、声のトーンを使い分けていることである。改めていうまでもないが、「トーン」とは「音調・調子・色調」をいう。

その使い分け方には二つのポイントがある。といって、別に目新しいこともなく、無自覚に実践していることである。

1．子どもの話の中身による使い分け。

子どものうれしい話、楽しい話を聞くときは、明るい色調の快活な高いトーンで応じる。

たとえば、子どもが、「先生。赤ちゃん、生まれたよ」とうれしそうに話かけてきたら、「よかったね、おめでとう。これでみいちゃんもお姉さんになったね」と、高いトーンの声で朗らかに返事する。

逆に、暗い、悲しい話を聞くときは、声を潜め、低い重々しい声で応える。

子どもが「田舎のおじいちゃんが入院したの」

「それは心配だね。おじいちゃんは、きみのこと可愛がってくれたものね。早くよくなるといいね。お祈りしようね」

子どもの心情に共感した聞き方となる。

2．相手の声のトーンにあわせる。

子どもの話を聞くとき、話す子どもの声の音調に応じて聞き返す。

ただし、コツがある。子どもはうれしい話だと、声のトーンが高くなる。反対に、悲しい話だと、低くなる。そのトーンに対応して返す。

うれしい話の場合は、子どもの声のトーンよりやや高い調子で応ずる。

悲しい話のときは、子どもの声のトーンよりやや低い声で応ずる。

✣対応のテンポ

なお、話のテンポは、基本的には子どもと同調するのだが、話の内容によって微妙に変化させる。

うれしい話の場合、子どものテンポよりやや速くする。

悲しい話の場合、子どものテンポよりやや遅くする。

こう受けると、子どもの感情にそった聞き方となり、子どもも話しやすくなり、話がかわせるようになる。こうした、返しの声のトーンやテンポに着目できるようになると、聞く力は飛躍的にレベルアップするだろう。

14 聞き方、アラカルト

✣「得意話」に仕立ててあげる

教師にしてみれば、そんな話はとうの昔に知っているということがある。子どもにとっては仕入れたばかりの情報だから、得意になって話す。「その話は知ってるよ」と言いたいところだが、はじめて聞く話のように受ける。

あるとき、子どもが「先生、池上神社の賽銭箱の話を知っている?」と聞いてきた。子どもは、その話をしたくてうずうずしている。賽銭箱のなかから生首が出るという怪談話だ。わたしは知っていたが、せっかく子どもが興奮して話したがっていたので、「どんな話?」と聞いた。子どもは得意になって話をしてくれた。

しかし、子どもは、ときに同じ話をする。子どもだけでなく、教師もよくやるが……。子どもが同じ話をしても「その話は聞いたよ」と言わないことだ。初耳であるようにして聞く。これがコツである。

それでもくどくどと同じ話をする子どもには、その話を「得意話」に仕立ててやる。井戸に落ちた経験をした子どもがいた。その話を聞いてもらいたがって、なにかというと「おれ、井戸に落ちたことがある」と話そうとする。子どもたちは聞き飽きていて、そのたびに「聞いたよ」といやがられた。

縦割り活動の掃除が終わった後、この縦割りの子どもたちなら、その話は初耳である。「みんな井戸に落ちたことあるか。このなかに井戸に落ちて、死にそうになった人がいるんだ」と、その子どもを紹介し、話す機会を与えてあげた。

こうして、なにかと、話す機会をつくってあげたが、さらに一歩すすめて、その特異経験を「ぼくが死を決意したとき」という話にまとめ、校内主張大会で発表するようにした。

ここまで話を受けてあげれば、子どもも本望だろう。

✣聞きながら充たしてあげる

朝、始業前の職員室へ勢い込んでやってきた子どもが、わたしの顔をみるなり、「先生、あたっちゃったんだ」と叫んだ。

これだけでは、「Ｗｈａｔ（なにを）」の一部しかわからない。そこで５Ｗ１Ｈの足りない部分は、質問によって聞き出した。

「なにがあたったの」

「たからくじ」

「たからくじ？　だれがあたったの」

「お母さん」

「へえ、いくらあたったの」

「二〇〇万円！」

「えっ、二〇〇万円！」

「うん」

「いつ？」

「きのう。自治なんとかというくじがあたったの」

「えーっ。よかったなあ。すごいじゃ！（職員室の周囲の先生方に向かって）みなさん、この子のお母さんが、たからくじで二〇〇万円あたったそうですよ」

「すごいじゃ。おい、なかよくしような。今夜、遊びにいっていいかな」

子どもの言葉は常に説明不足。たえず5W1Hを意識しながら、子どもの話を聞く。しかも、子どもはみんなに聞いてもらいたがっているのだから、周囲の先生方にも知らせてあげる。これが聞き上手のコツである。

Ⅲ章　子どもの話をどう聞くのか

1 「あのね」の実践

✣「先生、あのね」に開眼

わたしが小学校の二年生の担任だったとき、朝、教室へ行くと、子どもたちがわーっと群がってきて「あのね、先生」「先生、あのね」と口々に、友だちを押し退け、争うように話しかけてきた。

だれだれがいじわるしたとか、だれが泣いたとか、猫が子どもを産んだ、昨日、家族で公園に行ったら鳩がいた、鉄棒をしてあそんだ、編みものをした、田舎のおばあちゃんが泊まりにきたとか、たいした話ではないのだが、それぞれの子どもが口角泡を飛ばして、「聞いてよ」「聞いてよ」と訴えてくるのである。それが毎朝のことで、いささかうんざりしていた。

学年会があって、この話をした。「毎朝、子どもたちがうるさくつきまとって話かけてきて、いささかうんざりしている」と言うと、学年主任の中村綾子先生に「なんてことを言うの。ひとつひとつていねいに聞いてやらなくてはだめよ」と叱られた。

それから、ひとしきり、子どもたちの、先生への「あのね」の話かけをどう受けとめているか話し合いになった。

早くして亡くなった高橋先生が、「ぼくは朝の会で、子どもたちに手をあげさせて、先生やみんなに言いたいことを発表させている。そのかわり、個人的に先生に言いにくるのは遠慮させている」と言う。

すると、森先生が「そうなると、そっと先生だけに聞いてもらいたいことが言えなくなるのではないかしら。わたしは時間はかかるけど、休み時間に、先生にお話がある人はいらっしゃいと並ばせて、順番に言わせて聞いている。おもしろいわよ」

川原井先生は「わたしは日記に書かせている」と言う。

先生たちは、いろいろ工夫して、子どもたちの「あのね」の話しかけをていねいに受けとめていることを知った。わたしのように、うるさいと感じている先生はいなかった。

この学年会によって、わたしは「先生、あのね」の実践に開眼したといってもよい。

✣「あのね」アワー

成長する子どもたちは、その生活の中で見たこと、感じたこと、考えたこと、そして、行動したことを、先生に聞いてもらいたいのである。それは、自分と同じように共振する相手を求め、人とつながり、人と交わりたいからであるが、同時に、成長しつつある自分を認め、励ましてもらいたいからでもある。だから、教師はていねいに聞いてあげなくてはならなかった。時間はかかるが、聞くことがすぐれて教育活動であった。

そこで、二つの方法をとった。

朝の会に「あのねアワー」の時間をとった。先生とみんなに話したい、みんなにも聞いてもらいたいことのある人は、前へ出てきて、順番に先生とみんなにお話をしてもらうことにした。お話のはじめに「あのね」と言って話をはじめることにした。

最初は大勢の子どもたちが登壇してお話した。わたしはなるべく、子どもたちのプライベートな生活の中で感じた喜怒哀楽を発表してもらいたかったが、話題の半分は、昨日のことと、あと半分は友だちとのトラブルの話題だった。

「あのね、わたしが水道で手を洗っていると、進藤君が水をひっかけたので、やめてください」

すると、進藤君が「あのね、水をひっかけないのにかけたというようなうそを言うのはやめてください」と仕返しをするという、そんな話がかわされるようになった。

しかし、ときに「あのね、鈴木商店の軒先に燕の巣ができて、四羽のひなが口をあけていました」。こういう「あのね」には「とてもいい『あのね』のお話でした」とほめるようにした。

一か月もすると、少しずつ「あのねアワー」への登場者が減ってきた。その理由は、この場を通さなくても、子どもたち相互のコミュニケーションが少しずつ開通しはじめたことと、あえてみんなに話す価値のあることかどうかの、選別ができるようになったからだ。

そこで、毎朝一グループずつ「あのね」のお話をするようにして、そのかわり、今月の「あのね」は、好きな食べ物のお話をすること、あるいはお友だちの話、読んだ本の話、家族の話、季節の話をするというように、テーマをきめて発表させるようにした。

✣先生にだけ「あのね」の時間

もう一つは、一校時と二校時の休み時間に、先生だけに聞いてもらいたい「先生、あのねの時間」をとった。最初はどっと集まった。朝の「あのねアワー」の話を蒸し返す子どももいて、最初は「みんなに話す」ことと、「先生に話すこと」との区別がつかなかったようである。

みんなに聞いてもらってもいい話は、「明日の朝の『あのねアワー』に発表するといいね」として、翌朝、発表させた。

しかしときに、「あのね、ゆうべね、お父さんがお母さんをたたいて、お母さんが逃げてしまったの」と、悲しい顔をしてお話してくれた子どもがいた。聞く方が胸苦しくなるような話もあり、こちらから、その子どもを呼んで、今度はわたしが「あのね」と慰め励ましたりした。

こうしていくうちに、常連みたいな子どもがでてくる。そのうえ、なにを話すと先生は聞いてくれるのかわかってきて、わたしの喜びそうな話題をもってきては、「先生、あのね」と話にくる子どももあらわれた。

常連ができると、ほかの子どもは来にくくなるのだろう。「先生、あのね」にくる子どもが減ってきた。加えて、休み時間、自分たちの遊びのスケジュールに追われて、「あのねの時間」を忘れるようになったこともある。

✣聞いてほしいことを聞く

長いスパーンでとらえれば、しだいに教師に話す子どもは減ってくる。それは、とうぜんのなりゆきである。

しかし、減ってくると、減ってきたで、なにか寂しさを感じた。

わたしの二つの方針は、どうも、子どもたちの「あのね」の話しかけの減量作戦のように思えてきた。教師に群がる子どもたちを上手に遠ざける作戦ではなかったか。そんなふうに思えてきた。

そこで、どうしたら子どもたちの「聞いてほしい」ことを聞けるのだろうか。いろいろ考え、川原井先生の実践をまねて、日記を書かせ、子どもの「あのね」の本音を聞くようにした。これは成功した。

子どもは大きくなるにつれて「先生、あのね」と直接、話しかけてこなくなるが、しかし、たえず教師には、自分の考えや発見や喜怒哀楽を聞いてもらいたいのである。

その聞いてもらいたがっていることを、どうしたら上手に聞きだすことができるのか、いろいろ工夫しなくてはならないのである。その一つが、この「あのねの時間」だった。

この例は、わたしの拙い工夫だったが、それぞれが創意を凝らして、子どもの話を聞くようにしたいものだ。

2　もじもじを聞く

✣もじもじへの対応

小学校の低学年でよくある情景だが、子どもがもじもじしながら、教師の近くに寄ってくることがある。

一つは訴えたいが、はずかしいので、言い出せないでいる。

二つは、なにかを訴えたいのだが、本人にも、なにかがわからない。感情が言葉にならず、それでもじもじしている。

こういう子どもに気がついたら、その時点で、すぐに「聞いて」やることにした。

まず、しゃがんで、子どもの目線と同じ高さにする。できれば、教師の目線は子どものより少し下の方がいい。心持ち、下から覗くような形がいいようである。

ついで、笑顔で子どもの顔を見ながら「どうしたのかな」と眼と顔で聞く。子どもが笑顔で応じれば、解決。頭をなでてやる。子どもはなんとなくさびしくなり、教師にかまってもらいたくなって寄ってきたのである。

しかし、教師の眼と顔の合図に、笑顔で応じず、もじもじしていれば、なにか原因がありそうである。

「なにか困ったことがあるのかな。先生にだけそっと教えて」と、顔を寄せ、手を耳にやってそばだてる形にして、子どもの顔に近づけ、「このお耳さんに、そっとだれにも聞こえないように、小さい声で教えてね」

なにも言わなかったら、もう一度聞く。

「どうしたのかな。先生にだけそっと教えて」と、囁くように言う。

よくあるのは、お漏らしである。

「おしっこしちゃった」

「なんだ。そうかあ。よく先生に教えてくれたね。えらいね」とほめ、

「歩けるかな」と聞き、歩けるようなら、

「先生の後についていらっしゃい」と、さりげなく手を引いて保健室へ連れて行って始末してあげる。

歩けそうになければ、おんぶして、保健室へ連れて行く。

✣一応のピリオドを打つ

だが、それでももじもじしているなら、「だれかいじわるしたのかな」と、思いあたることをやさしく聞いてみる。聞いたことがあたれば、解決してやる。

しかし、聞いても返事がない場合、放置はできないので、とりあえず、一応のピリオドを打つ。

「わかったぞ」と朗らかに言って、

「高い高いしてもらいたいんだな」

「だっこしてもらいたいんだな」と、選択肢を並べてから、

「先生にくすぐってもらいたいんだ。ようし、くすぐっちゃうぞ」と、くすぐる。子どもはきゃっきゃっと笑いころげれば、それにてひとまず解決。

こんなふうに、子どものもじもじを聞く。忙しさにかまけて「どうしたの」とせっついたり、「黙ってちゃ、わかんないだろう」と、叱りつけたりするような強い言葉を投げかけないようにしたい。

3　子どもの話をたしかめる

✣子どもの話を鵜呑みにした

わたしが小学校二年生のとき、山野という親しい友だちがいて、よく家へあそびにいった。だが、あるとき、学級担任に呼ばれて叱られた。

「きのう山野君とあそびましたね」

「はい」

「なかよくあそびましたか」

「はい」

「どんなことしてあそびましたか」

「ふざけっこしたり、本を読んだり……」

「そう、よかったね。あそんでいるとき、山野君のいやがることをしませんでしたか」

そう聞かれると、あそびだから、お互いに、道具をとりあげたり、順番を無視したり、背中を叩いたり、水をひっかけたり、汚い言葉を使ったりと、それが、いやがることとは思えないが、でも、いやだったのかなあと思い、

「……したかもしれません」

「そうか。今度から、刃物を使っておどかしてはいけないよ。わかったね」

内心、「えっ」とびっくりした。刃物を使っておどかしてもいないのに、山野は教師にそう言いつけ、教師は山野の言い分を鵜呑みにして、わたしを叱ったのである。

刃物は山野がもっていたのだが、わたしは、とっさのことで抗弁できず、言いわけも言えず、ただ、山野の裏切りへの怒りがこみあげてきて、ふるえたままだった。

教師は、日ごろのわたしを見ていて「この子はそのくらいの悪さはするだろう」と思って、きめつけたのだろう。こう思われるのは、「不徳の致すところ」というのだろうが、小学校二年生の子どもに、「不徳」もなにもない。

✣斬り裂き少年の大事件に発展

このことがその後、大事件に発展した。

当時、学校は大規模になり、ある日、校長が「今日は全校で二二二二人になりました」と、発表したことがある。だから、休み時間の校庭はごった返していた。

山野は小さい。ごった返す校庭を走りながら、上級生の女子のふくらはぎを鋭利なナイフで切り裂いてまわったのである。切られた瞬間は、痛みを感じない。しばらくすると、血が吹き出て、校庭はパニックになった。数十人の女子が被害にあった。

山野はすぐにつかまったが、もしもつかまらなかったら、わたしのせいにされていたかもしれない。

刃物を使ってあそんでいたのは山野だった。その遣い手をわたしにして、罪から逃れようと工作したのである。子どもは自覚もせずに、そういううそを構成するものなのである。自己防衛の本能なのだろう。

子どものうそは、ときに大事件にも発展する。だから、訴えてきたら、鵜呑みにして聞いてはならないし、さりとて、退けてもならない。まず、事実かどうか、当事者に確かめてみなくてはならないだろう。

「刃物をもっていますか」「刃物をつかってあそびましたか」「刃物をつかってどんなあそびをましたか」「今、その刃物はだれがもっていますか」などと聞いてくれればよかったのである。そういう一言が不足していた。そのとき、教師がそう確かめてくれれば、真実があきらかにされ、事件には発展しなかったのである。

4　答えを求めない質問がある

✣答えを求めない子どもの質問

Ａ「先生、どっちの紙に書くの？」

Ｂ「先生んち、ハムスター、飼ってる？」

子どもが教師に質問するとき、「答えを求めている場合」と、「必ずしも答えを求めていない場合」とがある。

Ａ例はわからないから聞いている。「赤い紙に書いてください」とはっきり答える。

では、Ｂはどうだろうか。「ハムスターを飼ってる？」と聞いてはいるが、「飼ってます」「飼っていません」という直接的な答えを求めているのだろうか。そうではない。

しかし、教師の多くは、こういう勉強に関係のない質問にはてきびしく反応する。

「ハムスター？　なに、ばかなこと言ってるんですか」

「ハムスター？　飼ってません。先生は、ハムスター、大嫌いです」

「ハムスター？　勉強に関係ないことは聞くな」

「ハムスター？　飼ってるよ。そら、早く校庭へ出ろ。遅れるぞ」

「ハムスターは飼ってません。それがどうしたっていうの。へんな子ね」

これらはすべて、子どもの真意に応えていないどころか、教師と子どもとの距離を隔てる答えになっている。

✣自分のことを話したいから質問する

「先生んち、ハムスター、飼ってる？」

「ハムスター？　飼ってるか、飼ってないか、どっちだと思う？」

「飼ってない」

「あたり。では、きみは飼ってるのかな」

「飼ってる」

「名前はミッキーっていうんじゃないかな」

「ホリディっていうの」

「へえ、かわいらしい名前だね。だれが名前をつけたの」

こんなふうに、雑談する。子どもは「先生、ハムスターを飼ってる？」って聞いてはいるが、じつは、教師と話をしたい。ついては、可愛がっているハムスターの話を聞いてもらいたいのである。

しかし、忙しいときもあるから、そうそう雑談はしていられない。

「ハムスター？　そうか、きみはハムスターが大好きなんだな。今、忙しくて聞けないけど、あとで、先生に、ハムスターの話をいっぱいしてくれるかな」

子どもの質問には、ときに、隠された真意がある。その真意にそった対応が望まれる。その真意をきちんと受けとめる、それが教師の「聞く力」である。

5　子どもの訴えを聞く

✣訴えの六つの聞き方

子どもはいろいろと教師に訴えてくる。

「賢くんがぶった」「美代ちゃんがいじわるした」というようにである。

こうした訴えの心理もまたいろいろだが、その心理の推測の別なく、正しく対応しなくてはならない。

訴えを聞くにはセオリーがある。

1．子どもと目線の高さをそろえ、これで、訴えを聞く姿勢になる。やさしい表情をして聞く。

2．子どもの訴えを「うるさいな」「またかよ」「ほんとかよ」「いいかげんにしてくれよ」「なんでいちいち言いにくるんだ」と、疑わしそうな表情で聞くなど、否定的に聞いてはならない。

3．子どもの訴えには、「賢くんがぶったの」「美代ちゃんがいじわるしたの」とくりかえして聞き、「たしかに訴えを聞いたよ」と、聞きとったことを伝える。ここがポイント。

禁句は、「ほんとうなの」「ほんとにぶったの」「きみが先にぶったんじゃないの」「きみはよくぶたれるね。きみが先になにかしたんじゃないの」「やめてよって言ったの」「ぶつかったんじゃないの」などと、疑いや否定的言辞で応じない。

4．訴えを聞いたら「ぶたれて痛かったね。だいじょうぶかな」「どこ、ぶたれたの。まだ痛いかな。がまんできるかな」と、共感して、訴えの感情を受容する。

小さい子どもなら痛いところに手をやり「おまじないしてやろう。ちちんぷいぷい、痛いの、痛いの、とんでいけ」。甘えの訴えなら、くすぐってやってもいい。それでも痛がったら保健室へつれていってみてもらう。ここもポイント。

5．「あとで、賢くんにぶたないように注意しておきます。それでいいかな」こういったときの子どもの表情、晴れ晴れとしていれば、ひとまず一件落着。すっきりしないようだったら「ぶたれそうになったら、すぐに先生のところへおいで」と声をかけ、「先生はきみを守っているから安心しろ」というメッセージを送る。

6．そのあとで、ゆっくりと訴えを分析する。訴えの事実がほんとうにあったのか。観察したり、ほかの子どもから聞いたりして、事実をたしかめ、指導の方針をたてる。

✣子どもの三つの訴え

子どもの訴えには三つある。

1．ほんとうに困って訴えてくる場合。

2．先生に「かまってもらいたい」「自分をみてほしい」というように、教師の視線と愛情がほしい場合。

3．ときに、相手の子どもを中傷する目的で訴えてくる場合。

この三つの、どの訴えかを判断する。

また、たまに訴えてくる子どもと、年がら年中、常連のように訴えてくる子どももいる。小学校低学年だと、後者の場合が多い。

あるいは、個人で訴えてくる場合、グループで訴えてくる場合がある。

また、その訴え方も、愁訴のようなものから強訴のようなものまである。その感情も多様である。

訴えの状況によって指導は異なるが、たとえ、どんな理由や形態であろうと、訴えは訴えなのだから、推測によって訴えを差異化し、訴える子どもやその回数や頻度によって差別的に対応してはならない。

訴えは、どの子どもの、どんな内容にも、同一姿勢をもって聞かなくてはならないのである。

6 「ぶった」か、どうかを聞く

✣やわらかくアプローチする

子どもが「だれだれさんがぶった」と教師に訴えてきたら、事実かどうか調べ、事実なら、ぶった子どもを指導しなくてはならない。

たとえば、遠藤さんをぶったという賢くんをそっと呼んで聞く。このとき、子どもとは不思議なもので、なんとなく「あっ、あのことだな」と察し、「叱られる」と思って、うつむいて、かたくなな表情で、その事実を拒否しようと身構える。

だから、やわらかくアプローチする。同じ高さの目線にそろえて話しかける。

「賢くんはとても元気にがんばっていますね。今日も算数の時間、手をあげて元気に答えてくれました。いい子だね。先生は賢くんが大好きです（A）」

「…………」

「賢くんは元気なので、ときどき、元気があふれることがありませんか（B）」

「…………」

「元気があふれて、遠藤さんになにかしなかったかな」

「…………」

「遠藤さんが痛いって言わなかったかな。遠藤さんは泣かなかったかな」

「…………」

「言いたくなければ、言わなくてもはいいんだけど、遠藤さんをぶったみたいなことしなかったかな（C）」

「した」

「よく正直に言ってくれたね。先生はとてもうれしい。でも、どうしてぶったのか。聞きたいなあ」

「おっぺしたから」（「押した」という方言）

「そうか。おっぺしたからか。それは、おっぺしたほうも悪い。それで、つい手が出たんだね（D）」

「…………（うなずく）」

「きみはとてもいい子だ。しかし、ぶったことは失敗したな。悪いことだったね（E）」

「…………」

「先生も子どものころ、よく友だちをぶって先生に叱られた（F）。そのとき、先生は考えた。ぶつかわりに『おっぺさないで』って口でいうようにしたんだ。賢くんも口で言えるかな（G）」

「言える」

「じゃ、言ってみて（H）」

「おっぺさないでね」

「よし。よく言えたね。では、これから、どうしたらいいと思うかな（I）」

「口で言う」

「そうか。よくわかってくれたね、賢くんはとても頭がよく、理解が早いね。その言葉を聞いて先生は安心した。ほかに、なにかすることないかな」

「………」

「先生だったら、遠藤さんに『ごめんね』とあやまるな。きみならどうする（J）」

「あやまる」

「そうか。ますます気にいったな。あやまることができればたいしたものだ。つらいだろうけど、あやまろうか（K）」

「はい」

「では、遠藤さんを呼ぶからね。そのとき、遠藤さんに言いたいことはないかな。あれば、先生から伝えますが、どうですか（L）」

「ありません」

「きょうはありがとう」と頭をなぜたり、握手したり、くすぐったり、だっこしたりしてやる（M）。

こんなにすいすいといくことはないだろうが、指導の流れを示した。

✣聞き方のポイント

この流れのなかにある（　）に注目したい。（　）は以下の聞き方のポイントに対応している。

A＝美点を評価してはじめる。憎いので叱るのではないことを伝える。「ほめる」ことは、話の節ごとにくりかえしおこなっている。

B＝間接的に聞く。つい失敗したとみなすからだ。

C＝黙秘権を認める。

D＝双方性をもって評価している。片方だけが悪いとしていない。

E＝人格と行為を区別している。

F＝自己開示している。

G＝問題行為の代案を示している。「ぶつ」かわりにどうすればよかったか。

H＝その代案を練習させている。

I＝押しつけず本人の自発性を引き出している。

J＝自己課題とするように話している。「先生だったら……」とモデルを提示している。

K＝共感のうえに、謝罪を勧告している。
L＝相手にたいする要求を聞いている。双方性をもって評価しているから。
M＝緊張感をほぐし、これからも親密な関係で交わることを伝える。

この例は小学校低学年の例だが、高学年であろうと、中学生であろうと、ここに示したポイントを押さえて指導するようにしたい。

7　ぶったことを認めない子

✣増加している認めない子

ところで、ぶったことを認めない子どももいる。
「ぶってない」、こう言い張る子、押し黙る子がいる。そういう子どもが増えている。そんな場合、いったん引きさがる。「強情な子だ」とか「根性曲り」と言葉に出して言ってはならない。まして、強引に白状させてはならない。

前に、九州のある中学校で、白状しない生徒を波打ちぎわに生き埋めし、上げ潮の死の恐怖にさらして白状させた例がある。さすが、九州（?・）。キリスト教徒弾圧のノウハウを引き継いでいた。これと似たようなことがまだ現場に残ってはいないだろうか。「そうか。今は言いたくないんだね。では、なにか思い出したり、言いたくなったりしたら、そっと教えてくれるかな」

問題はぶった事実を認めさせることより、自分の心のなかで、その行為を反省し、二度とぶたないようにすることである。子どもの様子をみていて、その目的が達成されたようなら、ひとまずの成功と評価し、いったんの区切りをつけてよいだろう。

そして、その子どもが素直な心になったとき、たとえば、機嫌よくあそんでいるようなとき、「もうぶつのやめたよね」「うん」

心の鍵をこじあけて「むりやりに強引に白状させる」と、教師の指導の面目はたち、その感情はおさまるが、子どもの心の鍵はこわれてしまう。心の鍵は、内側からしか開けられないのである。

❖なぜ、白状させようとするか

ぶったことを認めないのは、これは人間一般の性向だと理解する。人間は悪いことをしても、なかなかその事実を認めようとしない。子どもも同じである。とくに、きびしくしつけられ、まちがうことを許されないで育った子ども、失敗すると暴力によって罰を受けた子どもは、すなおに「ぶちました」と白状しない。

そこで、教師としては、白状しないことにいらだち、なんとか白状させようとする。白状させようとするのは、二つの意味がある。

1．白状しないと、ぶたれた子どもを救済できないからだ。ぶった子どもが白状すれば、「ごめんなさい」とあやまらせることができるが、白状しなければ、ぶたれぞんとなって、ぶたれた子どもの権利は侵害されたままになる。だから、ぶたれた子どもの人権を守るために、ぶった子に白状を迫り、ときに、行き過ぎて人権を侵害することもある。

2．ぶったことを子どもが認めないと、教師の指導が成立せず、ひいては、教師の指導性が子どもによって汚され、否定されたと感じるからだ。そこで、強く白状を迫って、自身の矜持《きょうじ》を保とうとする。

1は、たしかにそうだ。だが、力によって「自供」を引き出そうとして、指導の二次災害を招いてはならない。ぶたれた子どもの人権を守ろうとして、ぶった子どもの人権を侵害してはならない。

2は「指導が否定」されたのであって、教師の全人格や全人間性が否定されたのではない。わたしも、かつて、ここをまちがえて、失敗を続けたことがある。「指導が否定」されたのだから、別の指導をすればいいのである。

✣ぶった子への指導内容

ところで、ぶった子への指導内容はなんだろうか。二つある。

A＝二度と暴力をふるわないようにすること。

B＝相手に謝罪し、自己の行為について責任の負い方を学ばせること。

ぶった子どもがぶったことを認めないと、この指導が否定されることになる。

だが、そのとき、次のように分析する。

ⓐＡＢのどちらが、子どもを逡巡させ、教師の指導を拒否する根拠となっているかを理解すること。

ⓑこの子どもの場合、ＡＢのどちらからとりあげるといいのか判断すること。

こうして、方針を立て直して、指導にあたる。

だが、教師はえてして、Ｂを求めたがる。「相手に謝罪」しなくては完全解決に至らないと思うからである。たしかに、そうなのだが、「相手に謝罪」するには、Ａについての自己確認をしなくてはならない。謝罪するのは簡単だが、舌の根の乾かぬうちに、また暴力を振るったら、その謝罪がうそになる。うそにしないためには、自分の中にある暴力性を完全に払拭しなくては、「謝罪」できないのである。それには、それなりの時間がかかるのである。

そういう子どもの心理を理解しながら、時間をかけ、対話しながら解決していくことも認めなくてはならないだろう。

✣かわりにあやまる

ぶった子の指導はむずかしい。次は、小学校の低学年の例である。

「言いたくなかったら、言わなくてもいいんだよ」

「……」

「てっちゃんをぶったみたいだね」

「……」

「言いたくないんだね。その気持、わかるよ。お母さんに知られたら、叱られるものね。でも、お母さんには言わないから、正直に言ってね」

「……」

「言いたくなかったら言わなくてもいいからね。じゃあ、先生がかわりにてっちゃんにあやまっておこうか。それで、いいかな」

「うん」

「では、先生があやまっておくから、あとで、なんかのときに、てっちゃん、ごめんねって言えるよね」

「うん」

こんなふうにして、ひとまずの決着をつける。

しばらくして、落ち着いたとき、「てっちゃんにあやまったかな」と聞くと「うん」

「そうか。えらかったな、ごめんねって言えたら、もうお兄さんだ」

✣聞く心理を洞察する

しかし、あやまらせればすむ問題ではない。「ぶつ」という行為をやめさせなくてはならない。次は、中学生の例である。

「きみはふざけて冗談みたいにやったのだろうが、やられたほうは、そうは受けとらないということがある。今度の場合、どうだったのかな」

「……」

「秀樹をなぐったあと、どんな気持ちだった。スカッとしただけか。ほかに思うことがあったんじゃないのか」

「かわいそうだった。悪かった」

「そうか。その言葉を聞いて、先生はほっとした。君はやはり人間性を失っていなかった。君の良心は死んでいなかった。なぐられた人の気持ちになれたものな」

「……」

「そこで、君に聞くのではない。君のなかの良心に聞くんだが、これからも腹のたつことがおこる。そのとき、言葉によって解決するというようにはならないか。どうだ。君がなぐろうとするとき、君の良心が『やめろ』と声をあげる。そうできないか。少しずつでいい。そうなってほしいんだ。約束してくれるかな」

「……」

この沈黙がいい。あまり無理をして即答を求めなくていい。

「考えておいてくれ。そのうち聞かせてもらうから」

耳から聞いた言葉が心を動かし、ひとつの決意に成長するには、時間がかかるものなのだ。教師は「子どもの聞く」心理にも洞察をもって接しなくてはならない。そのうえで、再び、対話を重ねていくのである。

8　念をおす子の聞き方

✣先生、きょう宿題ないの！

わたしが小学校の教師をしていたとき、宿題を出すのを忘れることがあった。

ところが、貞夫君という子どもがいて、帰りの会が終わって、子どもたちの半分が「さよなら」と帰ったころを見計って、浮かぬ顔をして戻ってきて、わたしの洋服のそでを引っ張って、秘密めいた小さい声で言う。

「先生、きょう宿題ないの」

そこで、はじめてわたしも宿題を出し忘れたことに気がついて、「そうだ。忘れた。しまった」と悔いるが、あとの祭りである。

「……」と、しばし絶句していると、貞夫君が念を押す。

「宿題、ないんだよね」

「ああ、ないよ」と答えると、安心したように、ちょっとがっかりしたように、

「では、先生、さよなら」と、きちんとあいさつして帰って行く。

もうちょっと早く言ってくれればいいのにと思うが、貞夫君も心得ていて、子どもたちが半分帰った後に、たしかめに戻ってくる。

✣秘密めいて答えた

これが毎日のことで、遠足から戻って解散した後も、運動会の日も、戻ってきては、わたしの洋服のそでを引っ張って、秘密めいた小さい声で、

「先生。きょう宿題ないよね」と聞く。

そのうち、わたしも秘密めいて答えることにした。

「な　い　ん　だ　よ」

宿題がなければないで、そのまま帰ってしまえばいいのにと思うが、やはり宿題にとらわれているのである。

まじめな子どもなのか、神経症なのか、宿題過剰適応症なのか。宿題がないとなにか忘れものしたような気分になるのだろうか。

こういう子どもの話の聞き方だが、「うるさい」「またか」などと応じたり、退けたりしてはならないだろう。はじめて聞くように、親切に聞き続けるのである。

だが、いつまでも聞き続けるわけにはいかない。自立させなくてはならない。そこで、学級に「宿題係」をつくり、貞夫君をそのグループ・リーダーにして活動させた。なにしろ貞夫君は宿題のスペシャリストである。

宿題係は帰りの会で、みんなに「明日の宿題は……です」と知らせ、「いいですか」と確認し、「はーい」と応じさせる係である。

貞夫君もみんなの前で「明日の宿題は……です。いいですか」と発表するようになり、ようやく、わたしへの念押しはやんだ。

子どもの話を聞くなかで、学級に新しい活動を生み出した例である。

9　問題行動をおこした子どもの話を聞く

✣聞く耳をもたない若い母親

寄り合いがあった。赤ちゃんをつれてきた若い母親がいた。赤ちゃんが泣いても知らんぷりして友だちとしゃべっている。赤ちゃんの泣き声は聞いていて切ない。見かねて

「泣いているよ」と言うと、「そのうち、泣きやみますから」と友だちとのおしゃべりに夢中である。

　こういうマザーリングのできない母親が増えてきた。

　赤ちゃんは言葉をもたないから、その意思や感情を泣くという否定的な表現で母親に訴えている。だから、すぐにかけ寄って、泣いている赤ちゃんを抱き上げ、原因を調べて対策をとらなくてはならないのである。

　この一連の行動のなかで、もっともだいじなところは、「すぐにかけ寄る」である。赤ちゃんが泣く、母親はすぐにかけ寄る、これを母親の応答性というが、早く応答すればするほど、赤ちゃんの発達に好ましい影響を与えるのである。

　ところが、この母親は「聞く耳」をもたないのである。声は聞いているのに、その声のもつ切迫した訴えを聞けないのである。だから、応答せず、このことが子どもの発達に著しい悪影響を与えることになる。

　応答性を早くすると、泣く時間が短くなり、泣く以外の新しい伝達手段を用いるようになる。手振り身振り表情や声などで、意思や感情を伝達するようになり、さらに知的能力も平均を上回るようになる。そして、母親に特別な愛情を抱くようになる。

　これは研究者の調査であるが、「すぐにかけ寄る」には、これだけの効果があるという。

✣「泣く」を聞く

素早く応答して、泣く原因を調べる。ベテランの母親になると、泣いている様子から、すぐに原因がわかる。

しかし、少子化現象のなかで、子育ての経験を蓄積できず、家族に、その経験をもった親や祖父母のいない家庭もあり、赤ちゃんの泣く声を「聞けない」母親が増えてきた。「聞けない」どころか、すぐにカッとして、赤ちゃんに「うるさい！　泣くな！」と怒鳴りつけ、赤ちゃんをたたき、傷をおわせるという児童虐待事件が発生するようになった。

「泣く」は、赤ちゃんにとっての「問題行動」である。ふつうでないという意味である。こういうふつうでないことがおこったらどうするのか。

セオリーがある。

まず身体から見る。赤ちゃんが泣いたら、まずおしめを見る。赤ちゃんは身体の不快感に敏感なのである。おしめが濡れていればとりかえてやる。

ついで、腹が減っていないか、みる。おっぱいやミルクを飲ませる。こくこくと飲んで、にこにこ笑って、やがて、満腹感のなかにすやすやと眠る。

しかし、おしめも濡れていない、おなかも減っていない。なのに、泣いているとすれば、熱があるのかなと、熱を計ってみる。なんでもない。変だな。さらに、裸にして、からだのあちこちを調べてみる。なんでもない。

ここまでは身体を見たわけである。身体にはなんの異常もない。今度は「心」をみる。「抱かれたがっているのかな」とみる。抱きあげて「よしよし」とあやしたり、ゆすったり、言葉をかけながら歩いてみる。ようやく泣きやんだ。

こういうマザーリングのセオリーは、かつては見よう見まねで覚えたものだが、そういう機会もなく、したがって、母親講習会を開いて学習しなければならなくなった。しかし、講習会にも出ない、学ばない母親はどうするのだろうか。気が付いた周囲が、親切に教えてやるしかないのだろうか。

✣学校にもいる聞けない教師

ところで、この話は母子関係にだけ通用するものではない。教師と子どもにも通用する話である。

赤ちゃんの「泣く」という「問題」をどう聞くか。そして、どう対策をとるかは、子どもの問題行動をどう「聞くか」ということにつながる。

赤ちゃんが泣くのに原因があると同じように、子どもの問題行動にも原因がある。その原因を確かめて、対策をたて、とりくむということである。

その意味で、教師はよい「耳」をもって、子どもたちを「聞く」ことができなくてはならないのである。

しかし、近年、上のほうからの声だけ聞いて、子どもたちの声、人間の声を聞けなくなった教師が増えているようである。そんな教師に教わった子どもが母親になると、赤ちゃんの泣き声さえも聞けない親になってしまうのである。

✣くりかえしの技法と感情を聞く技法

問題行為をした生徒に話を聞くとき、前にも触れたように「くりかえしの技法」と「感情を聞く技法」を用いる。

たとえば、タバコを吸った生徒に聞く場合、

「タバコ吸ってしまったか。なにかあったのか」と、聞く。

「あたまにきたからよ。タバコ吸ったんだ」

このとき「そうか。何本、吸ったんだ」と聞くまえに、まず「あたまにきた」と言っ

ているのだから、その感情をくりかえしの技法を用いて聞く。

「あたまにきたの⁉」

こう聞くと、生徒は話しやすくなる。

「そうだよ。だってよ、あの先公はよ、おれたちを目のかたきにしてよ」と、先生の悪口を並べ立てる。自分たちが悪くなったのは先生のせいなんだと、小学校の教師にまでさかのぼって、悪口を言う。自分たちのしたことを棚に上げて、言うこと、言うこと。聞いていてその勝手ないい分に腹が立つが、ここは感情を聞くのだから、がまんしてくりかえす。

「おまえたちが悪くなったのは先生が悪いからか。耳が痛いなあ。それで頭にきたの」

「そうだ。まあ、先生も悪いけど、親も悪いんだ。だいたいうちの親はよ」と、今度は親の悪口を並べ立てる。

「お前たちが悪くなったのは、親も悪いからか。それであたまにきたの」

こういう生徒の話を聞くには忍耐がいる。しかし、この忍耐がものをいう。

✣「俺たちも悪い」、そのあとに自己決定

自分たちが悪くなったのは先生が悪いから、次に親も悪いからだと言ったあと、よう

やく本音がでる。

「まあ、おれたちも悪いけど」と言う。ここまでくるのに、えらい時間がかかるが、ようやく「自分たちも悪い」という地点に立った。ここにおいて、ようやく教師と同じレベルに立ったのである。

「そうか、お前たちも悪いの」

「まあな」

ところが、最初に「お前たちが悪い」と認めさせ、「自分たちが悪い」と反省させようとすると、「先生が悪い・親が悪い」が重しになって、自分たちが悪いとは言い出さない。

これが合理化の真理である。自分の非を認めるまでには、「あっちのせい」「こっちのせい」にし、最後に、ちょっぴり「自分のせい」にする。大人だってそうなんだから、子どもがまねしてもおかしくない。

ここまで聞いて、まとめる。

「タバコを吸うようになったのは、先生が悪いし親も悪いし、自分たちも悪いからだ。そこまではよくわかった。それで、これからどうする」

これからどうするかと、自己決定させる。「これから吸うな」では他律的である。あくまでも自己決定に導く。

「これからなるべく吸わないようにする」

「それを聞いて先生は安心した。先生もがんばるから、いっしょにがんばろうな」

自己決定したことに少し不満があっても、その決定を尊重し、そして、教師もがんばることを誓う。生徒の禁煙に教師のがんばりもないのだが、教師と生徒は共存的・共闘的な関係にあるから、生徒にだけ「がんばれ」ではなく、教師も「がんばるから」と約束するのである。

生徒は禁煙の約束を破ろうとするとき、「先生はこの自分の努力を支えてくれているのだ」「がんばってくれているんだ」と思い、その姿に励まされ、やめるかも知れない。そう信ずるゆえに「先生もがんばる」と約束するのである。

むろん、実際は、こんなに甘いものではないが、教師の生徒に期する善意は、かくも気高くヒューマンなのである。だが、多くの生徒は教師との約束を忘れ、誘惑に負けて、再び、タバコを吸ってしまうだろう。教師は言う。

「また吸ってしまったな。残念だなあ。先生の努力が足りなかったんだ。お前はどうなんだ」

「すみません。今度は吸わないようにします」

「そうか。先生もがんばるから、今度は……」

こういうことが三～五度と続く。教師は何回もその期待と善意が裏切られる。しかし、生徒が「今度は吸いません」と言った言葉を信じるのである。裏切られても裏切られても、信じていくことのできるものを教師という。

五度目を迎えると、さすがに生徒は「吸いません」とは言わなくなる。ただ涙を流して己れのふがいなさを恥じるようになる。信じてくれた教師を裏切る自分が許せなくなる。そうなったとき、教師の指導はようやく成立することになるのである。

ここまで、生徒の言葉を「聞いていく」のである。

10 相談の聞き方

✣相談は助言を求めているか

わたしが中学校の教師のとき、野球部の監督をしたことがある。部員に秋本というピッチャーがいた。高校へ進学し、卒業するとき、プロ野球の巨人と阪急から誘われた。

「先生、どっちの球団に入ったほうがいいだろうか」と相談を受けた。相談とは「なにかを決めるために話し合うこと」だから、「解決策を求めてきたんだな」と思った。ところが、いろいろ話し合ううちにわかったことは、内心、阪急へいくことをきめていたのである。

こういう事例は多い。「相談」というから「いい解決策を提起しよう」と、つい「教え方モード」に変換して、口数多く、相手に、当方の意見を押し売りしてしまう。

ある卒業生が「この方と結婚したいのだが、どうでしょう」と、相談にみえたことがある。「この方」は評判が悪く「やめたほうがいい」と言おうとしたが、言わないでよかった。話を聞くうちに、「みんなが反対するが、わたしは結婚したい。お腹に赤ちゃんがいる」ということで、結婚への強い願いを抱いて、わたしに確かめにきたのである。

子どもの教師への相談にも、よくある例である。相談はよくたしかめて、その真意をうかがいながら応ずるようににしたい。

ちなみに、秋本投手は阪急に入り、後に広島、巨人へ移籍し、救援投手として成功した。阪急に入りたいとする自身の決断の裏づけを欲して相談にきたのである。わたしは内心、巨人がよいと思っていたが、本人の決断を支持して阪急入りを勧めた。

そのとき、巨人に入っていれば、「選手を育てない」球団に潰されてしまったかもしれない。やはり本人が最善策を決定したのであった。

✣相談の極意

「相談」とは、多くの場合、「話を聞いてほしい」ということである。すでにばくぜんと解決策らしきものをもっているが、信頼する人に話すことで自分の気持ちをはっきりさせようというのである。だからまず、よく話を聞いてやらなくてはならないのである。

ところが、これがなかなかむずかしい。

「話を聞いてください」と言われると、すぐに助言モードに入ってしまう。とくに、教師に、その傾向が強い。そこで「神様」「仏様」になるのである。

人はよく神様に祈り、相談する。神頼みというが、それは神様が無言だからである。よくしゃべる神様では、だれもお祈りしないし、相談しない。

だが、人はなぜその無言の神様に祈って、神頼みして、お告げという助言を受けるのか。無言の神様が助言などできるはずはないのにである。だが、お告げという助言を受けるのだが、その助言とは、なんのことはない、その人の心に生じた解決策なのである。

神様に「どうしようか」と聞くうちに、「こうしたいのですが」という相談へと進展していくのである。相談への解答は自身の答えなのである。だが、それでは不安なので、神頼みして、強化しているのである。

だから、相談されたら「神様」「仏様」になればいいのである。あれこれいわずに神様然として聞いていればいいのである。聞くうちに、しだいに相談者の決意が伝わってくる。伝わってきたら、その決意を励ましてやる。これが「相談の極意」である。

11　「まちがっている」の聞き方

✣先生、まちがっているよ

わたしが中学校の教師になったとき、黒板に「帽子」と書いた。「帽」は巾編に日目と書く。目をおおうという意味だが、なぜか、そのとき、口目と書いてしまったのだ。自分では気づかなかった。

授業が終わると、山下という男の子が寄ってきて、「先生、帽の漢字、まちがっていたよ」と得意になって言う。そう言ってから、山下は急いで廊下へ飛び出していった。

黒板をみると、たしかに、まちがっていた。

ところが、翌日、山下に廊下で会うと「先生、帽の漢字、まちがっていたよ、ね」と、また言う。その翌日も「帽の漢字、まちがっていたでしょ」と言う。

「しつっこいやつだ」と思った瞬間、一つの光景を思いだした。

✣苦い思い出があった

苦い思い出である。旧制中学校の一年生時代、わたしは弓道部に入っていた。副部長が四年生の中野さんという方で、わたしは、その中野さんに私淑していた。

あるとき、部活が終わって、中野さんとの帰り道、漢詩の話になった。わたしが詩吟を学んでいると話し、知っているいくつかの漢詩を披露した。漢詩といっても、詩吟の入門教材になる詩は、ほとんどが五言・七言絶句で、律詩のような長い詩は、初心者のわたしたちの朗吟の教材にはなかった。

翌日、中野さんが「これ、いい詩だ。ぼくの大好きな詩なんだ。読んでみたまえ」と原稿用紙に書いた漢詩を手渡してくれた。読むと、藤田東湖の「正気《せいき》の歌」で、長大な律詩だった。「天地正大の気、神州に集まる」という詩で、当時の軍国少年のわたしの愛唱していた漢詩だった。

天地正大気、粋然鍾神州。秀為不二嶽、巍々聳千秋。
注為大瀛水、洋々環八洲。発為万朶桜、衆芳難与儔。

こう読む。「天地正大の気、粋然《すいぜん》として神州に鍾《あつま》る。秀《ひい》でては不二《ふじ》の嶽《やま》となり、巍々《ぎぎ》千秋《せんしゅう》に聳《そび》ゆ。注《そそ》いでは大瀛《だいえい》の水となり、洋々《ようよう》八洲を環《めぐ》る。発《ひら》いては万朶《ばんだ》の桜となり、衆芳《しゅうほう》与《とも》に儔《たぐ》い難《がた》し」以下、一七行ばかり続く。

ところが、読んでいて、「正気時放光」という一行が、欠落していることを発見した。中野さんが筆写した時、書き漏らしたのである。

そこで、わたしは、この発見を、翌日、中野さんに告げた。「正気の歌ですが、まちがっていましたね」中野さんは一瞬「むっ」とした表情になったが、黙っていた。その翌日、また、わたしは「天地正大の気の漢詩ですが、一行ぬけていましたね。正気時に光を放ちの一行です」と、自分の発見を得意になって再び伝えたのである。

その翌日、中野さんとの帰途、分かれ道にきたとき、「これ、読みたまえ」と手紙をくれた。

読むと、「人はまちがえるものだ。だから、まちがっていることに気づいても、まちがってる、まちがっていると言うものではない。いい気持ちはしないものだ」というようなことが書いてあり、正しく再書した「正気の歌」が同封してあった。

わたしは、その夜、眠れずに発熱し、翌日、学校を休んだ。とりかえしのつかないことをしたことに気づいたからだ。

しかし、なぜ、尊敬する中野さんに、しつっこく「まちがえていた」と言ったのだろう。そのときのわたしの気持ちは、けっして「なじった」ものではなかった。なにか、得意になって、知らせたような気がする。

今、思えば、そのとき自分の思いを手紙に書いて届ければよかったのだろうが、わたしは打ちひしがれたまま、無為に時が流れ、二人の間は気まずくなっていった。戦争も激しくなり、すぐに、部活動も中止となり、中野さんは陸軍士官学校へ進学していった。

このことは、苦い思いとなって、ずっとわたしの胸に、おりのように澱《よど》んでいた。なぜ、あんなことを言ったのだろうか。

✣事態を分析してみた

わたしが山下から受けたことは、そのまま中野さんがわたしから受けたことだった。この二つの経験から、この事態をどう理解すべきか、分析してみた。わたしはこういうことに凝るのである。

自分はなぜ、しつっこく「まちがっている」と指摘したのだろうか。そして、山下もなぜ、しつっこく指摘してきたのだろうか。

子どものその言葉から、教師はなにを聞き出せばいいのだろうか。まず、山下のことを思い起こしながら考えてみた。山下が分析できれば、自分のことも理解できる。

山下もわたしも、

ⓐ目上の人に向けた言葉である。

ⓑ得意気に知らせている。

ⓒしつっこく知らせている。

ⓒはすぐに分かった。相手からの応答がなかったからくどく言ったのである。一度言って、期待する応答があれば、くどく知らせることはなかった。

とすると、「目上の人」は、どう応答すればよかったのだろうか。

その言葉を非難と聞かずに、その真意を知ろうとすればよかったのである。それはなにか、ようやく分かった。

まず「教えてくれてありがとう」という言葉である。それだけでは足りない。「よく気づいたね」という言葉だ。「よく気づいたね。君の知識はりっぱなものだ」というほめ言葉であった。

✣ほめてもらいたかったんだ

ここまでたどりついて、「そうだったんだ。わたしは中野さんに、ほめてもらいたかったのだ」ということがわかった。「正気の歌、知っていたのか、すごいなあ。それでぼくの筆写のまちがいに気づいたんだな。すごいじゃないか。この漢詩は一年生にはむずかしいのに。よく読めたね」

こうほめてもらいたかったのだ。だから、ほめてもらおうと思って、しつっこく指摘したのである。

山下もそうだったのだ。翌日、山下に言った。「山下、よく先生の漢字のまちがいに気づいてくれたなあ。おまえは漢字博士なんだな。よく勉強しているんだな。よし、これからも先生や友だちの漢字のまちがいがあったら、見つけてからに、そっと教えてやってくれよな」と、こうほめた。山下はうれしそうだった。

山下は、無意識のうちに、この言葉がほしかったのだ。だから、その発見を得意になってくどく告げたのである。

子どもの話にはまったくむだがない。ときに、「むっ」とすることもあるが、冷静にその心理を探っていくと、教師への期待がすけてみえてくる。その真意を聞けるかどうか。教師の「聞く力」にかかっている。

12　ひと手間かけて聞き出す

✣心の扉を開いてあげる

子どもから話を聞きたいことがある。たとえば、洋子が、朝の会で沈んでいたというような場合。

「朝の会で元気がなかったけど、なにかあったのか」と、聞いてみたいというようなことである。

そこで、休み時間、教室でつぎの時間の準備をしている洋子に、

「洋子、朝の会で元気がなかったけど、なにかあったのか」と聞いても、洋子は表情を硬くして「なんでもない」と答えるにちがいない。

小学校の高学年から中・高校生の生徒は、自分の心のなかのことを、そういう直截な聞き方に応じて答えるには、ひどく臆病である。

とくに、琴線《きんせん》にふれるようなことは、そうかんたんには話してくれない。「元気がない」ことは、すでに心に深く刺さっている棘《とげ》があるからだ。その棘のなんたるかを聞くには、心の扉を開いてやらなくてはならない。
そのために、ひと手間かけなくてはならない。

✣Aを聞くためにBから聞く

休み時間、教室にいる洋子に話かけるのはいいが、聞こうとするテーマとは別の、さしさわりのない話をし、少し打ちとけてからほんとうに聞きたいことを聞く。これがコツである。

「Aを聞きたければ、まずBから聞いてみる」というセオリーである。このセオリーは北海道の及川宣史先生によって定式化された（『子どもとつくる学級活動』ひまわり社）。「AだからBをやってみよう」という法則に基づく。

「洋子。きみの弟は池上小学校だったよな。担任の先生、だれなの」

「矢野先生」

「矢野さんか。酒飲みだろう。すごい飲んべえだそうだな」と言うと洋子も笑って、

「先生も飲んべえじゃないの」

「あ、ばれたか。あまり、人のことは言えないな。そうそう、ところで、朝、元気なかったな。気になっていたんだ。なんかあったのか。よかったら話してくれないかな」、こう聞くと、表情は瞬時、凍るけど、心はとけているので、

「友だちの悪口を聞いたんで、いやな気持ちになったんです」

「友だち思いだものなあ、洋子は。やさしいからな。落ち込むよな。けど、あまり気にするな」と言うと、洋子はうなずく。

ここまでで、これ以上、聞かなくていい。

こういう会話が成立すれば、廊下ですれちがったとき、「どうだ。その後も、悪口は聞こえてきているのかな」と、小さい声をかけることができる。それでも落ち込んでいるようなら、そっと呼んでくわしく聞いてみる。

この聞き方は指導の原則である。「Aを聞きたいからAを聞く」ではなく「Aを聞くためにBから聞く」ということで、これがプロの、ていねいな仕事ぶりなのである。

13　授業における聞き方

❖子どもたちに育てること

授業において、「聞く」は、知育にとって、重要な働きをする。人は「聞いたり、読んだり」という見聞によって、知識を拓き、わざを身につけていくからである。

子どもたちに指導することは、次の三つである。

1．教師の話を聞くこと

前にも触れたように教師の話は、最重要だからだ。教師は、聞いていない子どもがいないように、集中させてから話す。

2．教師の話の意味がわからい子どもがいる

子どもたちの様子を見ながら、「わかっていない」と察したら、もう一度言う。やさ

しく言う。言いかえる。ときに、「今の、先生の質問、わかりましたか」と確認する。同時に子どもたちに「もう一度言ってください」「くわしくお話しください」「たとえばの例をあげてください」と、教師の話を理解するために、要求することを教える。

3．友だちの話をよく聞く

友だちのどんな答え・意見・感想でも、よく聞いて、自分の考えと照らし合わせてみる。単純な計算問題の答え合わせのときは、友だちの答えにたいして「いいでーす」「ちがいまーす」と即座に応じさせることはある。

しかし、「考える発問」への、友だちの答えや意見にたいしては、「そういう考えもあるか」「なぜ、そう考えたのだろう」と、いったん受け止め、自分の答えや意見と照らし合わせてみる。心のなかで、自分の考えと対話してみる。交差させてみる。

その上で、自分の答えや意見を述べる。こういう「自分をくぐらせる」という作業を習慣化し、子どもの力として定着させるのである。この能力の獲得は、知育の重要課題である。

✣教師の「聞き方」

教師の質問に子どもが答える場面がある。そのとき、子どもの答えは、次の四通りになる。

1．正しく答えた

このとき、教師は短い言葉で受ける。ほめるのである。「いいですね」「よくできたね」「よくわかりましたね」「すごい」「そのとおり」「まる」「三重丸」「名人」「ホームラン」「あたった」「やったなあ」など。笑顔でうなずくこともある。

2．まちがって答えた

恥をかかせないよう、挫折感や自棄感情に陥らないように配慮する。「なるほど、そういう考え方もあるか。この場合はどうなのかな」「残念、もうちょっとのところなのに」「惜しいなあ」「でも、いいところ、ついているぞ」野球好きな学級だったら「チップした」「わーっ。ファールボールだ」「ボール、わずかにはずれた」

3．答えられない

子どもが答えられず、言葉につまって立ち往生した場合、辱めないように配慮する。「ゆっくり考えていいんだよ」と待ってあげる。「Aだと思うか、Bだと思うか。どっちかな」と「答えを含んだ質問」に変換して聞きなおしてみる。

時間がかかりそうなら「あとで、答えてもらうから、座って考えてみよう。時間をかければ、だれだってできるんだ」

余裕があれば、そのあと、その子どもが答えられる質問をして答えさせ、「やった！」という思いをもって、その授業を終わるようにする。その時間「答えられなかった」という挫折感をもたせたまま、授業を終わらせないようにするわけである。

4．自説を固執する

ある授業で「子どもの喫煙賛成」を述べた子どもがいた。ときに、教師の考えや世間一般の考えとは異なる考えを述べる子どもがいる。それもまた子どもにとっての、成長の一里程なのである。

そのとき、「どうして、そう考えたのか」と、詳しく聞き、「なるほど。そういう考え方もあるんだな」と肯定はしないが、理解を示す。「そんな考えが、世間に通用すると思っているのか」というような言辞で、その発言をとがめないようにする。

大切なことは、「みんなはどう思うか」と、ほかの子どもたちの意見を聞くことである。それでも、こじれるようなら、「後日、もう一度、考えてみよう」と、冷却期間をおくのも、賢明な措置だろう。

意見表明の権利を認めるという態度を崩すことなく、子どもの話を聞くのである。

Ⅳ章　子どもの「聞く力」を育てる

1　子どもは選択的聴取

❖師の言は水火のごとし

「学校のしつけのなかで、なにが重要か、一つだけあげよ」と問われたら、どう答えるだろうか。

答えは「教師の話を聞く」である。これは教育の場の最優先事項である。それほど教師の話は子どもにとって大切なのである。教育はすべて、教師の言葉から始まるからである。教師の話を聞く力がないと、心身の発達は保障されないどころか、生命を守ることもできない。

だから、子どもたちに「先生の話を聞く」ことをまず要求する。そのかわり、そういうだいじな話をする教師にも、それなりの自覚が求められる。

「師の言《げん》は水火《すいか》のごとし」という言葉がある。水や火がなかったら人は生きられない。教師の言葉も、子どもたちにとって、水や火のように大切なものだという意味である。

しかし、そういう自覚は薄いようである。まず、教師は教師のもつ言葉の力を自覚し、自らの言葉を「水火」たるべく鍛えていかなくてはならない。

これを「教師の言葉は、水のように冷たく、火のように激しく」とまちがえないことだ。

✣つごうの悪いことは聞こえない

子どもは聞く力が弱い。子どもの聞く力の弱いのは、子どもは「選択的聴取者」だからだ。つごうのよいことはよく聞こえるが、つごうの悪いことは聞こえないのである。

たとえば、親が、大きな声で「部屋をかたづけなさい」と言っても、聞こえないが、小さい声で「おやつの時間よ」と言うと、これがじつによく聞こえる。そういう経験はだれもが覚えがあるだろう。

親は、子どもに向かって、大きな声で「部屋をかたづけなさい」と言っても聞こえないのは、「聞こえない」のではなく、「聞こえないふりをする」のではないかと思う。

しかし、「聞こえない」のである。正確には、音として聞こえてはいるが、意味不明の音としか聞こえないのである。どうも、人間とは、つごうの悪いことは、本能的に拒否するようになっていくらしい。

❖だいじなことを言うとき

教師の言葉にたいしても、子どもたちは「選択的聴取者」である。教師は自分の言葉は、すべて子どもたちが聞いていると思っているが、実際には選択聴取していて、聞こえていない子どももいるのである。

それなのに「聞いたはずだ」と思って、「先生が言ったことをなぜ守らないのか」と怒ったりするが、怒られた子どもは「そんなこと、先生は言ったかな。言ってないよな。おれ、聞いてないもの」となる。

だから、だいじなことを子どもたちに言うときには、教師に注目させて、眼をしっかり見ながら、「明日は時間割りが変更になって、国語の授業があります」と話す。さらに、確認する。

「明日、時間割りの変更があります。なんの授業ですか」

「国語です」

「そうですね」

この復唱は、自己確認の方法だが、問題をもつ子どもへの指導にも役立つ。「聞いていなかった」「知らなかった」という言いわけを封ずることができるからだ。

✣一度しか言わない

子どもが「選択的聴取者」になったのは、親や教師のせいである。口うるさく迫ったからである。見ていると、口やかましい親や教師の子どもは「選択的聴取者」になりやすい。くどくどと何回も同じことをいうから、最初の数回は聞く必要がないからだ。

したがって、「一度しか言わない」ことに慣れさせないといけない。「一度しか言わない」のは、意地悪しているのではなく、これがしつけの基本だからである。しつけの言葉は実務的正確さをもって一言ですむように話し、子どもに通ずるようにすること、これが基本である。

そのことに慣れさせていくには、教師に注目させ、子どもの眼をしっかりみながらゆっくり話し、くどくどとくりかえさないことだ。しかも、言った通りしなかったら「先生の言ったことは聞いていましたよね」と確認し、「では、もう一度だけ言います」と話し、復唱して確認する。

こうして「一度しか言わない」ことに慣れさせていくと、しだいに「悉皆《しっかい》的聴取者」に育っていく。今からでも遅くはないしつけである。

これは、相手の言うことは、一回で、きちんと、注意深く聞きとるというしつけである。学校生活のみならず、社会生活を送るうえでも、大切なしつけである。

✣聞きとったあとで

ただし、聞きとったことをどうするかは、自分できめる。聞きとったら、その通りにするか、しないかは、子どもの判断にゆだねるということである。ここをはっきりさせておかないと、選択的聴取へ逆戻りすることになる。

というのは、「聞く＝する」となると、したくないことについては「聞こえない」「聞かない」ようになるからだ。

教師の話を聞いて、わからなかったら「わかりません」「もう一度言ってください」と訊き、したくないことだったら「できません」「やりたくありません」「できるかどうか、自信がありません」「考えさせてください」と、表明する自由を認めるということだ。

そうすれば、しぜんに悉皆聴取の方向へすすむことになる。

2　聞き方を教える

✣聞き上手にする

教師の話を聞かせるには、聞くに値する話と魅力ある話し方が求められる。すぐれた話術である。そこで、多くの教師は、その力を身につけるべく学習している。

しかし、子どもたちが接する人々が、すべてすぐれた話者とはかぎらない。

たとえば、学校にも、ユーモアのない話、長々した説明、くどい説教をする教師がいて、子どもたちは、そうした話者とも、日々つきあわなくてはならない。

わたしの勤務していた学校で、朝礼で「校長先生のお話です」とアナウンスされると、「うえーっ」という悲鳴の声があがった。話が長く、おもしろくなかったからである。

このように、学校のだれもがユーモアのある話をしてくれるとはかぎらない。常に落語や漫才を聞くような、楽しい授業をしてくれるとはかぎらない。学校での多くの話というものは、悲鳴の上がるほど長々した退屈な話なのである。

だが、子どもたちは、そうした話のなかからも、必要な情報を聞きとらなくてはならない。そこで、子どもたちに「聞く力」を育てなくてはならない。それは「聞き上手」にすることである。

✣「場＝状況」の理解

聞き方の基本は、なにを言おうとしているか、テーマや真意を聞くことである。そのためには「場＝状況」の理解が求められる。どういう場、状況で先生が話そうとしているかの理解である。それが理解できれば、「聞くモード」に入ることができる。

たとえば、「いよいよ授業がはじまるぞ」と、その「状況」が理解できれば、「先生の話を聞くモード」に入ることができる。また、「今は授業中だ」と、その「場」が理解できれば、「先生の話を聞くモード」に入って、集中しなくてはならないことがわかる。

あるいは、先生の顔が一変した。「怒ったな」と状況が理解できれば、緊張して、先生の話を聞くモードになって待機できる。待機して、先生の話を聞く準備ができれば、話を聞きながら「先生はなにについて怒り、だから、どういうことに注意しろといったのか」が理解できる。

学校での教師の話は、類型的で特殊な話法や話題はない。あるのは「話の上手、下手」である。だから、「場＝状況」が理解できれば、話のテーマはだいたい推測でき、聞くうちに「なにを話そうとしているのか」がわかる。

したがって、子どもたちに「今、どういうときなのか。なにをするときなのか」、その場を理解し、状況を判断して、行動するように指導することである。

むろん、子どものことだから場の理解や状況判断がただちに行為・行動に結びつかないこともある。

「今、授業中だ」と理解しても、「廊下を静かに歩く」ことができないこともある。だが、くりかえし指導するうちに、少しずつできるようになる。

このとき、低学年では「授業中だから廊下は静かに歩きなさい」と指導したとしても、高学年になったら「今、どういう状況か判断して、行動しなさい」と、レベルアップして指導するとよいだろう。

3　5W1Hで聞く

✣新聞記事の手法

新聞の報道記事を書くときに「5W1Hに注意して書け」とよく言われた。
では、5W1Hとは――。

Who（だれが）
When（いつ）
Where（どこで）
Why（なぜ）
What（なにを）
How（どのように）

この要件を満たした記事を書くと、正確に報道することができる。
この「5W1H」は、相手の話を聞くときにも利用できる。とくに、子どもの話は、

この5W1Hを満たしていないことが多いからだ。子どもだけでなく、教師の話にもときに、この要件を満たしていないことがある。だから、子どもにも教師の話を「5W1H」で聞く力を身につけさせるのである。

✣割り込み質問「5W1H」あそび

「5W1H」で聞く力を身につけるには、あそびがいいだろう。

たとえば、教師が子どもたちのよく知っている話をする。

《おじいさんがやまへしばかりにいきました。せんたくをしていると川上から桃が流れてきました。》

ここまで話をして「質問」をとる。

「いつごろの話ですか」…Whenが欠け

ていた。「むかしむかし」

「せんたくしたのはだれですか」…Ｗｈｏがなかった。「おばあさん」

「どんなふうに桃が流れてきたんですか」…Ｈｏｗが足りなかった。「どんぶりこ」

「どこの話ですか」…Ｗｈｅｒｅを忘れていた。「あるところ」

こんなふうにあそぶ。ついで、教師が話をすると、子どもたちは聞きながら「５Ｗ１Ｈ」をもとに「割り込み質問」する。

教師「あるところに」

子ども「いつごろの話ですか」

教師「むかしむかし、あるところにおじいさんがすんでいました。犬を飼ってました」

子ども「なまえは」

教師「ポチという犬を飼っていました」

というように、話の途中でどんどん割り込んで質問をしていくゲームである。むろん、教師は「欠けた話」をして、子どもたちの質問が出やすいように話していくあそびである。教室を半分にして、どちらの半分がたくさんの質問ができたか競う、そんなあそび方もある。

✣まちがいを探せ

「5W1H」あそびは上級編である。低学年だったら少しやさしくして、教師がわざと間違えて読み、指摘させる「ダウトあそび」がおもしろい。

子どもたちのよく知っている、教科書に掲載された教材を用いる。

教師「……そろそろおすしをたべようと」

子ども「ダウト。おむすびです」

教師「……つつみをひろげたそのとたん　おむすびふたつ」

子ども「ダウト。ひとつ」

教師「おむすびひとつ　とんでって」

子ども「ダウト。ころがって」

教師「ごろごろごろでん　かけだした」

子ども「ダウト。ころころころりん」

子どもたちは大笑いしながら「ダウト」をかけてくる。こんなあそびをしながら、子どもの聞く力を育ててみたい。

4　聞き方指導の実践例

✣話は体で聞こう

子どもの聞く力を積極的に育てようと、熱心に取り組んでいる実践がある。熱心にというと、力わざで「話を聞け」と管理している例は多いが、この例は、子どもたちのあそび心を刺激した、すぐれた実践である。

北海道の及川宣史先生の実践である。（『コピー資料集・子どもとつくる学級活動』ひまわり社）「話は体で聞こう」という例である。

最初は「ぶつぶつとつぶやきながら聞くと楽しい発見があるよ」と指導する。つぶやき例として「まさか」「そんなはずはないだろう」「ほんとかよ」「理由はなにさ」「理由になってないだろう」など。

次は「みんなは話をどこで聞きますか。耳で聞くよね。ほかには」と考えさせたという。

耳で聞く　これはもう定番、話はまず耳で……

目で聞く　白目の大きさ、まばたきも……

首で聞く　うなずく、かしげる、ちぢめる……

口で聞く　「なるほど」「聞こえません」……

顔で聞く　笑顔、曇った顔、困った顔……

へそで聞く　話している人に向いているかな？

手で聞く　拍手、挙手、腕組み、ゆびを鳴らす……

大人が講演を聞くときのマナーとはちがうが、聞き方入門としては、まず、「体全体で聞こう」という指導はすぐれている。

これは教室の例だから省いてあるが、「足で聞く」ことも付け加えることができる。「足を踏み鳴らす」という聞き方がある。アメリカのある会社では「楽器を鳴らして聞く」というのもある。

いろいろあるものだが、こう考えさせると、楽しく聞く力が育つ。

その具体的な展開について及川先生は、次のように報告している（『授業規律で学ぶ力を』学事出版)。

《……また、子どもたちとは時々、反応の仕方を練習している。練習メニューは次のようなものである。

首で聞く…うなずく＝なるほど

首を傾げる＝そうかなあ

首を振る＝ちがう

顔で聞く…笑顔＝すごい・同じ

眉をよせる＝あれっ

口をあける＝おーっ

声で聞く…「えーっ」「そうそう」「なるほど」…など

手で聞く…手をあげる＝ちがうよ

腕を組む＝そうかなあ

体で聞く…後ろにたおす＝えーっ》

この実践について及川先生はこう述べている。

「話しても沈黙していて反応がない。確かに行儀はよいけれど、聞いているのかどうかわからない。そんなときに、子どもたちに呼びかける資料」だと解説し、「黙っているならだるまさんと同じ。人間なら反応しようと実演してみる。できるだけ多くの部分を使って反応した方が集中できることを体感させる」ことができたという。

✣楽しく応じる練習を

聞く指導の典型実践であるが、じつに愉快な指導である。これは小学校中学年からの例だが、たぶん、子どもたちはおもしろがって表現したことだろう。きっと聞くことが楽しくなったにちがいない。

聞き方が上手になっても、ただちに理解を深めるとはかぎらない。世間に、聞き上手だが、話の中身はぜんぜんわかっていないという例は多いからである。

だが子どもの場合、聞こうとしなければ、さらに理解できなくなるから、ともかく聞いて反応して、食いついていくようにすることは大切な視点であろう。こういう練習には例文をつくって、身体で反応させるといいだろう。教師が練習問題をつくって、その話を聞かせながら、わざと大げさなパフォーマンスで応じさせるのである。

この頃、雨ばっかり降っている。（うそーっ）雨が降るのは水不足に悩まずにすむからいいのだが、（そうそう）雨どころか紙屑や人間まで降ってきた。（うそばっかり。

あきれた）ところで、この雨、なんだ。（なんだろう）臭うぞ。雷のおしっこじゃないのかな。（眉をひそめる）いったい雲の上にいる雷はなにをやっているんだろう。（おもしろいぞ）電話してやったよ。（えーっ）「もしもし、雲の上の雷さんですか。紙屑はやめて、お金を降らせてください。お札でお願いします」こう電話した。（うそーっ）（それで！）

こんなたわいのない話をしながら聞く表現を楽しむと、子どもの聞き方ももっと上手になるだろう。聞き方が上手になるにつれて、おもしろいもので、話す力も上手になる。相手の反応をみながら話す力を身につけるようになるからだ。

5　聞く力を育てるインタビューごっこ

✣虚構の世界にあそぶ

学級会で意見が出ないとき「意見はありませんか」と議長が聞いても、なかなか意見が出ない。そこで「聞き方」を替える。

議長がマイクを二つ持って、「では今の原案について、みんなの意見を聞いてみます」と壇上から机間に入り、「真美子さんに聞いてみます」と、一つのマイクを渡して立たせ、もう一つのマイクに口をあてて「真美子さん、あなたは原案をどう思いますか。すみません、カメラは向こうなので、カメラに向かって言ってください」

議事運営委員がカメラ・クルーになって、適当な位置から真美子さんにカメラを向ける。真美子さんはカメラに向かって、

「反対します」

「反対ですか。なぜですか」

「おもしろくなさそうだから」

「おもしろくない。なるほど。では、どうすると、おもしろくなるでしょう」

「校庭であそぶようにしたらいいと思います」

「なるほど、貴重なご意見をありがとうございました。ただいまは真美子さんでした」

とマイクを返してもらい、

「では、次の方、渋谷君に聞いてみます」

もちろん、マイクもカメラもおもちゃだが、インダビューごっこという擬似的空間を

つくり出すと、これまで発言しなかった真美子さんも、よくしゃべりだすから不思議である。それは「ごっこ」になり、子どもは自分に、虚構の役をふりあてるからである。これは中学校一年生の例だが、小学校なら大受けして実践できる。

✣インタビューごっこのすすめ方

こういう子どもたちのフィクション世界にあそぶ力を引き出しながら、子どもたちの話し合う力、対話や会話の力を育てようとするあそびが「インタビューごっこ」である。

あそび方は次のようにすすめる。

ⓐ最初は子どもどうしではじめる。

ⓑ書き込み用の表を配る（一五六ページ参照）。

ⓒ一定期間をきめる。三日くらいがいいだろう。

ⓓそれぞれインタビューするテーマをきめる。調べてみたい、聞いてみたいテーマをきめる。単純でやさしいテーマがいい。好きな料理・好きな動物・好きなテレビ番組・行ってみたいところ・やってみたいことなど。

ⓔテーマをきめたら、学級の一〇人の人にインタビューして聞く。たとえば、「好きな料理」をテーマに選んだ子どもは一〇人の子どもに「あなたの好きなお料理はなんで

しょうか」「なぜ、好きなのですか」をインタビューし、聞き終わったあと、表に書き込む。

ⓕ表にまとめたら掲示する。

ⓖ子どもたちは掲示を読む。自分の書き込まれた記事を見て、「評価」欄に、○△×をつける。インタビューに答えたとおりに書かれていれば○、半分あっていれば△、ぜんぜんちがっていたら×をつける。

ⓗ○をいっぱいもらえれば成功。

ⓘインタビューについて話し合う。「どう聞くと気持ちよく答えてくれるか」。

ⓙ次のテーマに挑戦する。

やさしいので、ほとんど○がもらえる。

・テーマ「好きな料理」一〇人の人に聞きました

インタビュー記者　岡田 哲生

聞いた人	好きな料理	理　由	評価
山田貴夫	カレーライス	おいしい	△
進藤沖子	お母さんの料理	ビタミン愛でおいしい	○

下田和子	ハンバーク	なんとなく	○
千葉清子	サラダ	からだにいい	○

一回目は一問一答でできるかんたんなテーマだったが、つぎは、もう少しむずかしいテーマにする。たとえば「名前の由来」「好きな異性のタイプ」など。

表もそのテーマにあったように作り直す。

このあそびは、三つの手段からなりたつ。

一つはインタビューすること。二つはインタビューしたことを書くこと。三つはその記事を読み、評価したり、訂正したりすること。

知的なあそびである。「聞く←→答える」「読む←→評価する（直す）」力を育て、話し合う力をバックアップし、また、メディア・リテラシーの向上も期待できる。インタビューをモデルにしたあそびなので、子どもたちの興味と関心を引きつけ、楽しく活動できる。

Ⅴ章　教師の「聞く力」を伸ばす

1　聞き下手、話し下手は想像力で補う

❖聞き上手、聞き下手の見分け方

聞き上手な教師がいる反面、聞き下手な教師もいる。どちらかというと、教師は聞き下手である。

では、自分はどうだろう。聞き上手か、聞き下手か、どっちだろう。それを見分ける、かんたんな方法がある。

一日を振り返ってみて、子どものした話を思い出してみる。聞き上手の教師は「今日は、邦子さんの『お母さんの話』、賢一君の『頭にきた話』を聞いたなあ。邦子さんはやさしいんだなあ。賢一君は正義派だったんだ」と、いくつもの子どもの話を思い出せるが、聞き下手な教師はなにも思い出せない。思い出せない教師は、聞き下手である。

思い出せないのは、子どもの話を聞く機会が足りないことと、身を入れて、真剣に聞かなかったこと、子どもの話に自分がついていけなかったことなどからである。

子どもの話を聞けないと、子どもたちの気分、風潮、興味関心や要求、その喜怒哀楽を理解することができない。子ども理解のないところでは、教育は成立しないから、できるだけ、子どもの話を聞けるようにならないといけない。

こういうと、「子どもの話を聞く時間がない」というが、それはいいわけで、努力不足というより能力不足である。

というのは、聞く力は力量だから、ほっておいてしぜんに聞き上手になるものではない。自覚的に自分のなかに育てていこうとしないと、育たない。だから、時間がかかる。すぐには聞き上手にはなれない。

そこで、聞き上手になるまで、それにかわる別の力量によって、とりあえず「聞き下手」をカバーする。

その別の力量とはなにか。「想像力」である。「想像力」とは、子どもの話、行為・行動、表情やしぐさから、子どもが今、なにを考えているのか、なにを欲しているのか、どうしてもらいたがっているのかを推論する力である。

たとえば、授業が始まって落ち着かない子どもがいたら、「忘れものしたのかな」と推理する。

その推量が的確で、子どもの気持ちが理解できれば、「どうしたの」と聞かなくても、ほぼその心が理解できき、対応することができる。子ども理解には、決定的に、この想像力が問われるのである。

✣話し下手な子どもがいる

しかし、想像はあくまでも想像で、ほんとうかどうか、わからないから、子どもの話を聞いて確かめる必要がある。だいたいのあたりをつけて聞くことになる。むろん、会話のなかで、それとなく聞いていくのである。

最初は、想像した内容と子どもの話とのへだたりは大きいが、やがて、その差異が詰まっていく。想像力を高めていくと、「やはり想像したとおりだった」というようになる。

このように、想像力のパワーアップをはかることは、教師の指導力を向上させるが、効用はそれだけではない。話し下手な子どもの気持ちを推量できるようになる。

教師に聞き上手・聞き下手があるように、子どもにも話し上手、話し下手がある。話し下手の子どもから話を聞くときは、表現の足りないところを推し量ることができなくてはならない。片言隻語《へんげんせきご》のなかから重要な手がかりをつかむというようにである。

子どもが「帰り道、スーパーに寄った」と言ったとき、

「なにを買いに寄ったの」

「お弁当」

そこから、母親が〝蒸発〟したことを知ったということもある。想像力のない教師は「寄った」という言葉を聞き逃して、「学校の帰り道にスーパーに寄ってあそんでいいのか。で、それから、どうした」と先を急いで、だいじなことを聞き逃してしまう。

想像力は、聞き下手な教師にとっても、話し下手な子どもにとっても、大いに望まれる力量なのである。

2　世間の人の話をよく聞く

✣悪意のある聞き方

いつだったか、教師の運転する車に乗せられて、集会場まで運ばれたことがある。車にはカー・ステレオがついていて、モーツァルトの音楽が響いていた。

「うるさいですか」と聞かれた。

「いえ、モーツァルトは好きですから」

「そうですか。モーツァルトのどういう曲が好きなんですか」

「そうですね。短調の曲が好きですね」

「わたし、短調の曲って大嫌いなんです」

「そうですか」

「明るいのが好きなんです。先生の好きな作曲家はだれですか」

「ブラームスです」

「ブラームスってなにか暗いでしょう。わたし大嫌いなんです」

「そうですか」

なんというやつかと思った。それきり、黙っていた。すると、

「先生。ご気分、悪いですか」

「いえ」

「車酔いしたのかと思いました。わたし、車に乗るとだんぜん元気になるんです。車に乗って気持ちが悪くなるって、どういう人なんでしょうね」

これは悪意をもった聞き方の典型例である。しかし、この教師には悪意があったとは思えない。どうやら身についた聞き方になってしまったようである。勘のいい、よく気

がつくやさしさがあるのに、惜しい人だと思った。

別れぎわに笑顔で「これからもよろしくお願いします」と挨拶されたが、なかよくするには、わが心に憚《はばか》りが生じていた。

自我が強く、いわゆるひけらかしのジコチュウなのである。聞き下手な人の典型的な特徴である。わざと対立項を主張して自分を売り出すタイプである。それが稚気のうちは許せるが、まともにくると、かえって反感を買うことになる。

✣世間話の聞き方のコツ

世間話はなかよくするためにする。だから、もともと世間話でかわされる情報はたいしたものではない。あたりさわりのない話で、どっちへ転ぼうと痛くも痒くもない話である。

ふつう、人は天気の話からはじめて、あたりさわりのない話にすすみ、しだいに、距離を縮めていってプライベートな話に及び、なかよくなるのである。世間話は、なかよしになるための入り口教材である。ここをうまく通り抜けると、なかよくなり、友だちになれる。

なのに、自我を丸出しにして、相手を評価し、判定し、好悪にかけて黒白をつけ、知識をひけらかし、おまけに相手を凹ます。これではなかよくなれない。

世間話の聞き上手は、相手に逆らわないで聞く。ときに、相手の話に乗る。知っていることも知ったかぶらずに聞く。話しやすいようにもっていく、これが聞き方のコツである。

主婦たちの会話を聞いたことがある。

a「うちの上の中学生になった子どもなんだけど、父親そっくりなの」

b「あら。うちもそうみたいよ」

a「いやなところまでが、そっくりなの」

b「あら、いやなところまで？」

a「きのうもね……」と話が弾んでいた。

bさんは、子は親に似ることは知っているが、新しい発見のように聞いている。しかも、bさんの家庭では、そっくりではないのだが、「うちもそうみたいなのよ」と話に乗って聞いている。こういう聞き方のできる人はつきあい上手である。

話には、思想・心情にかかわる大切なこともあるが、ここにあげたような世間話は、話の中身よりなかよくすることが主たるねらいである。なかよくなるために会話しているのだから、なかを悪くするような応答は避けなくてはならない。

ａ「うちの上の中学生になった子どもなんだけど、父親そっくりなの」
ｂ「うちはぜんぜん似てないわよ」
ａ「いやなところまでが、そっくりなの」
ｂ「似ることがあるのは知ってるわ。でも、それって最悪よね。亭主の顔を見るのもいや。子どもの顔を見るのもいや。そんな家庭は耐えられないわ。あなたもたいへんね」
ａ「……」
と話がとぎれてしまう。
こんな聞き方をしていては、いつまでたっても、友だちはできないだろう。

✣先生みたいな口調で話すのね

教師は一般に世間の人と話すとき、その口調が横柄《おうへい》になりがちである。世間の人と対等に交わる機会が少ないからである。

保護者と話す機会はあるが、保護者は、教師にたいして「世間の人」とは区別して話す。少しへりくだって「対等感」はない。教師もまた保護者に「教える」という態度で接しがちである。

そうするうちに、教師は「保護者＝世間の人」と混同するようになり、世間一般の人にたいして、一段と高いところからものをいうようになることが多い。したがって、できるだけ世間の人と接し、なかよく楽しい世間話ができるようにしたい。

ところで、そう思った教師がいた。ついては、教師という身分を隠し、サラリーマンとして接したのだが、「あなたって、先生みたいな口調で話すのね」と指摘されたという。

身についた口調はなかなか修正できなかったが、世間の人の話に耳を傾けて聞くうちにしだいに世間話ができるようになったという。「そのコツは」と聞いたら「相手の話をよく聞くことだ」

思わずのけぞってしまいそうな返事だったが、考えてみれば、教師がいかにふだんから、人の話を聞いていないかがわかる。ということで、「人の話をよく聞く」ことから「聞く力」を伸ばしていくことである。

3　講演の聞き方のマナー

✣話しやすいように聞く

近年、講演や提案、会務報告など、人の話を聞くことが多くなったが、どうも教師は一般的に人の話の聞き方がよくない。

ひとことでいうなら「態度がでかい」のである。

話の聞き方にはマナーがある。「話しやすいように聞く」ということである。話者がその持てる力をフル稼働して話せるように聞く、これが聞き方マナーのテーマである。

講演のあと、講演者に「どうでしたか」と話を聞くと「きょうはとても話しやすかった」とか「話にくかった」とか言われる。会場のつくり方、照明など、条件整備の問題も大いに関係しているが、それよりも聴衆の反応が「話のしやすさ・しにくさ」を決定することが多かった。

とはいえ、集会の最初、聴衆に「こう聞きましょう」とお願いするのは不謹慎である。どう聞こうと自由である。だが、まず、自分は「話しやすいように聞く」ことはできる。

聴衆のなかの一人でも、自分の話を上手に聞いてくれる人がいると、話者はうれしくなって心も弾み、話が高揚し、その高揚がまた聴衆に伝わって、会場全体が熱気を帯びてくる。こうなると「話しやすい状況」になる。まずは、一人でも「話者が話しやすいように聞く」のである。

また、職場やサークルのなかで、職員会議やPTAの集会、サークルの研究集会などで、お互いの話を聞くときには「こう聞こう」という「市民のためのマナー集」を配布することはできる。

今、そういうマナー集の配布が必要になってきたようである。

✣講演会でのマナー

講演を例に聞き方のマナーを考えてみよう。

ⓐ最初から斜にかまえ、ぶすっとした表情や批判的に聞くぞといった表情をして聞こうとしない。身体も心も話し手に開放して聞く。自分の考えと明らかに反対の意見が述べられることがわかっていてもである。

ⓑ腕組みをして聞くなど、もってのほかである。腕組みは、拒否のディスプレイでもあるから。だったら、聞きに来なければいい。足を組むのもよくない。

ⓒ目をつぶって聞くのも感心しない。会議の席上、上のものが下のものの話を聞くときによく目をつぶるが、教育現場には上も下もないのだから、こんな態度で聞いてはならない。

わたしが議長の職員会議で、管理職が目をつぶって話を聞きだしたので、「お疲れのようなので、休憩しましょう」と中断したことがある。わたし自身も、別の会議で、そう言われたこともある。

ⓓあくびは生理的欲求だから、どうしようもないが、口に手をあててする。居眠りも生理的欲求で、これも仕方ないが、なるべくそうならないように体調を整えて臨むようにする。

わたしは講演するとき、教師が居眠りしていても気にならない。現場のたいへんさを知っているからだが、居眠りには、おもしろい話で対抗するようにしている。しかし、なかには「居眠りは許せない」と怒る人もいるので、注意したほうがいい。

ⓔ話の途中、「うんうん」「そのとおり」と肯定的に大きくうなずくのはいいが、否定的な身体表現はしない。首を横にふって「それはちがう」「そのことには反対だ」などと、自分の意思を身体表現して聞く人がいるが、これはあまり感心しない。とくに、首の横ふりは失礼である。

相手の話をその論理にしたがって聞くことである。その話の内容に賛成・反対かはまた別のことである。今は、講演や提案や報告を聞きにきているのだから、相手の言わんとすることを正確によく聞く。これがマナーである。

その上で、その話について、賛否の意見を述べる場があれば、自分の意見を発表すればいいし、その場がなければ、自らの胸におさめ、後日、場を改めて俎上《そじょう》にあげればいい。

ⓕ講座や提案など学習のための話は、話し手の顔を見ながらをじっくりと聞く。

ⓖ話がおもしろかったら大いに笑う。また、話し手が笑いをとろうとしてジョークを言ったら微笑して応える。おもしろいジョークでなくても「笑わせよう」としたのだから、微笑んであげる。これは「おもてなし」の論理である。

子どもたちが教師の話を不作法に聞くと不愉快になり、注意するが、そのくせ、教師は、総じて人の話を聞く態度はよくない。人の師である。心して聞くようにしたい。

4　教師の聴き方に問題がある

✣口のきき方が悪い

よく「あいつの口のきき方はなってない」とか、「口のきき方もわからない」という。

子どもと話をしていると、そういう場面によくぶつかる。ときに、頭にきて「なんだ。その口のきき方は」と叱ったりする。

わたしは子どもの口のきき方に敏感で、よく叱った。正しい言葉づかいができるように叱るというより、ぞんざいな口をきかれると、こちらがバカにされ、軽んじられているように思えて、反撃的にとがめたということの方が多かった。そういう点でも、あまりよい教師ではなかった。

しかし、あとになって反省した。冷静になって、子どもがよくない口のきき方をした前後を考えてみると、一方的に子どもを責められないような気がした。

教師と子どもとの会話は、言葉をやりとりしているのだから、子どもは教師の言葉を受けて、「口のきき方もわからないのか」という口をきいたのである。

つまり、教師の投げかけた言葉が悪かったので、子どもが悪い言葉で打ち返してきたのである。会話の途中で、突然、口のきき方が悪くなったのではなかった。

では、教師は、なぜ、子どもに悪い言葉を投げかけたのか。それは、子どもの言葉の受け方が悪かったからだ。子どもの投げてきた言葉の真意を理解せず、表面的に、ときに、感情的に受けとり、乱暴な言葉で子どもに投げ返したのである。そこで、子どももまた乱暴に教師に投げ返したのである。

✣作用・反作用の法則

道路でたむろしている高校生がいた。「邪魔だぞ。どけ」と投げつけると「むっ」とした表情で、にらむようにしてのろのろと動いて道をあけた。

その様子をみて感じたことがある。こちらの語勢に勢いがあったので、その勢いにいやいやながら従ったまでのことで、「通行の邪魔をしていて悪かった」と反省して動いたのではなかったということだ。もしこちらに勢力がなければ、無視したかもしれない。

物理に「作用・反作用の法則」がある。Ａの力を加えればＡの力で押し返してくるという法則である。この法則は人事にも適応できる。この場合、こちらが一〇の力でとがめたので、一〇の力で反発したということになる。

そう考えて、反発されない方法はないか、探ってみた。わたしの「邪魔だぞ。どけ」という言葉は、命令語法を用いて相手を強くとがめている。これは、教師の、それもよくない語法である。その語法が口をついて出たのは、わたしが元教師で、相手が生徒だったからである。これが、近くのご婦人方だったら「邪魔だぞ。どけ」とは言わなかったにちがいない。教師というのは、いつまでたって教師ヅラして、地域の中の児童・生徒にたいして、「らんぼうな生徒指導」をするのだな、と反省した。

地域の児童・生徒は市民の一人である。とすれば、その年齢・身分にかかわらず、一人の市民に対するように接しなくてはならないのである。ここがわたしの足りなかったところだった。

そう考えて、次に、道路でたむろしている高校生に、笑顔で「すいません。通してください」と声をかけた。高校生たちはびっくりして、「あっ、すいません」と、恐縮して、急いで道をあけてくれたので、「ありがとう」と挨拶しながら通り抜けた。その瞬間、その場に、爽快な気分が満ちた。

こちらが高校生を市民としてとらえ、市民に対するマナーをもってやさしく接すれば、相手もマナーをもって対応するようになるのである。

✣話を聴く達人に

マナーに違反し、公衆道徳を守らない者を見ると、つい頭にきて、頭ごなしにとがめてしまうが、一呼吸おいて、やさしく接すれば、相手も素直に応じてくれる。これは、学校での子どもに対しても同じである。

こうした事例からいえることは、「子どもの口のきき方がよくない」のは、「教師のきき方がよくなかった」からである。

というのは、ここでいう「教師のきき方」とは「聴き方」という意味である。「聴く」は傾聴することで、子どもの口のきき方の悪いのは、教師の聴き方がよくなかったからだということになる。

子どもの話をきちんと「聴いて」あげれば、あるいは、子どもの行為・行動の真意を「聴いて」あげれば、乱暴な言葉で子どもに投げかけることもなく、子どももまた、正しい口のきき方で、教師に応じたにちがいない。

子どもに「口のきき方に注意しろ」という前に、「子どもの話をきちんと聴く」ことを自らに課すべきだろう。

そうなったときに、子どもの話を聴く達人になれるにちがいない。

5　だれにも、ていねいな言葉で応対を

✣知らず知らずに横柄になる教師の口調

人の話の受け方はむずかしい。とくに、教師がそうだ。先日、ある教師がわたしにこ

んな話をしてくれた。

その方が後輩の教師に電話して、仕事の説明をすると、「そうか。そうか」「ふむふむ、なるほど、なるほど」と受けるという。

その方は、相手が年上だろうと年下だろうと、敬語を用いて話をしているのに、その後輩教師は、目下の者に言うように「そうか、そうか」と受ける。

「そんな言い方は失礼だ。なにか、ばかにされているようだ」というのである。ふだんは「先生を尊敬しています」などと言っているのに、電話口で、こういう受けの言葉を聞くと、本心が透けてみえたよう気がするという話だった。


教師には、こういう例が多い。わたしの身近にも似た教師がいる。

それはいつも自分より目下の生徒を相手に話をしているので、それが癖になって、相手が目上の者にかわっても、その口癖はかわらず、生徒に対するように「そうか、そうか」などと受けるようになったのである。

その受けの言葉は、生徒に対しては気さくな言い方にみえるが、同僚にむけられると、いばった言い方、相手を軽く見た受け方、底意のある受け方にとられてしまう。

わたしは、たとえ、だれにたいしても、「そうか、そうか」というような社交的儀礼に欠けるふるまいを好きになれない。その方も言っていたが、そういう教師とは、なるべく電話しないようにしているというのもうなずける。

✣相手によって受け方に差異をつけない

こういう口癖は、一種の教師病だろう。教師の話し方には、ときに、横柄な口調や無造作な言葉や鼻の先でくくったような話し方をする者が少なくない。

たとえば、以下のような話し方だと書いたことがある。

ⓐ権力的な話し方。子どもが事件をおこすと、すぐに保護者を学校へ「呼びつけ」て「家庭ではなにをやっているんだ」と、親の責任を追及する、いばった話し方。

ⓑ事務的な話し方。冷たい対応。誠意や愛情の感じられない話し方で、「こんな事件をおこして、忙しいのにめいわくだ」「しかたないからやっているんだ」という話し方。

ⓒ啓蒙的な話し方。保護者は無知だから「教えてやる」というバカにした話し方。一段高いところから見下したようなものの言い方になる。

ⓓ専門家的な話し方。自分たちは教育の専門家なんだから、しろうとの保護者は黙っていろ。よけいな口出しをするな、教師に任せておけといった話し方。

ⓔ独善的な話し方。学校がやっていることはすべて正しいことだから、家庭は協力し

てあたりまえという話し方。

ⓕ脅迫的な話し方。学校の言う通りにしないと、警察の厄介や進路に影響しても、責任はもてない。どうなっても知らないからなという話し方。

こういう話法を避けるには「相手を意識して話すことだ」というが、わたしはそうは思わない。

だれにたいしても、ていねいな言葉で応じていれば、相手が同僚であろうと、生徒であろうと、保護者であろうと、なんの心配もいらない。相手を意識し、相手によって受け方に差異をつけようとするから、いつしか低きに流れて混同してしまうのである。

教師諸君。自分のものの言いようを見直そうではないか。

6　子どものまちがいから聞き方を反省

✣指導を問い直す子どものまちがい

高文研の山本邦彦さんから『「聴く」ことの力』（鷲田清一著・ＴＢＳブリタニカ）とい

う本を紹介された。

「臨床哲学試論」という副題がついている。第三回桑原武夫学芸賞を受賞した一冊である。臨床哲学とは聞いたことのない用語で、その副題にふさわしく哲学的言辞が続くが、その思索の深さと広がりに「聴く」世界を再認識した。

この本のなかにおもしろいエピソードが紹介されている。浜田寿美男さんという方のお子さんの話である。

お子さんが小学校で、古い卵と新しい卵の見分け方を習った。割って黄身が高く盛り上がっていれば新しく、黄身が平べったくなっているのが古いと教わった。その後で、この問題が試験に出た。

「図のようなふたつの卵があります。あなたはどちらを食べますか?」

お子さんは即座に「平べったいほう」と答えた。クラスメートは全員、「盛り上がっているほう」に丸をした。正解は「盛り上がっているほう」であった。

お子さんが「平べったいほう」を正解としたのにはわけがある。家事手伝いをしていたお子さんにとっては、冷蔵庫から卵を二つ取り出して、賞味期限に差があれば、まず古いほうから食べるというのが当たり前。それが×にされて、お子さんはずいぶんと傷つかれたという。

このことは「『どっちが新しいのですか』というべき問いが『あなたはどちらを食べますか』という問いにスライドさせられたからだ」と著者は指摘していた。

「どちらを食べますか」という問い方は、子どもたちの実生活に少しでも近づけようとする、戦後の授業法から出た問い方である。授業はできるかぎり、子どもたちの生活から題材をとり、知識や技術が生活と結びついて活用されるようにするという、プラグマティズムの発想による。そこで、より具体性をもたせようとして「食べますか」としたのである。「どちらが新しいか」より「どちらを食べますか」のほうがより具体的だと考えたのだろう。

ところが、この問いは、かえって、実生活からは遠いものとなった。共働き家庭で家事を分担しているお子さんにとっては、家事の文脈のなかで、この問いをとらえ、「平べったいほう」と答えたのである。

教師の聞き方の悪例が指摘されていたのだが、こういうまちがいは意外に多いのではないだろうか。それぞれが「聞き方」について、反省する必要があろう。その反省の一つが子どものまちがいから、自分の指導を問い直すという実践態度である。

✣まちがいを「聞く」

一年生の算数のテストで「つぎのこたえをかきなさい」という問題が出た。ある子どもが次のような答えを書いた。

2＋2＝5　　1＋4＝6　　5＋3＝9　　6＋1＝8　　4＋5＝10

むろん、全部「×」がついて、0点になった。

子どもはがっかりして、この採点用紙を家にもって帰って、泣きながら母親に見せた。

母親は愕然とした。

「0点！」

しかし、気を落ち着かせて、よく見てから、にっこり笑って言った。

「全部、あっているじゃないの。まちがってないわよ。お母さんなら、全部、丸をつけてあげるわ」

赤鉛筆で、大きな丸をつけて、一〇〇点と書いて、子どもをだきしめた。慧眼な読者なら、もうお分かりのように、「つぎのこたえをかきなさい」なので、次の答え、すなわち、正答の次の数字を書いたのであった。

「2＋2＝4」だが、4の次の数は5なので、「5」と書いたというわけだ。

鹿児島のある小学校のＰＴＡ講演会で、わたしが子ども時代にまちがえた話をしたら、

講演会のあと、一人の母親がやってきて、今の話をしてくれた。「先生、なにかの参考に使ってください」と。そのこともあって、ここに紹介した。

✣子どものまちがいを聞ける教師

子どもはまちがえるが、まちがえたとき、教師はどうしたのだろうか。

教師は、このまちがい方に気づかず、かんたんに×をつけてしまった。日頃の子どもの力からすれば「変だなあ」と思ってしかるべきなのに。だが、まだ一年生。そこまでの資料がそろっていなかったのか。あるいは、教師が多忙だからだろうか。

ともかく機械的に採点してしまったようだ。機械的な採点が悪いというのではないが、常に子どものまちがいのなかから授業を組み立てようとすれば、こういうまちがいには、すぐに気づくようになる。

子どものまちがい方に気がつけば、「次の答えを書きなさい」という問いを「次の問題の答えを書きなさい」という表現に改めたり、「先生が悪かったなあ」と正答扱いにしたりするとか、あるいは、特別の○をあげるとか、いろんな対応があったろうと思う。

この場合、賢い母親がいて、この子どもは救われたが、その機会のない子どもだったら、かなりのダメージを受けたにちがいない。

いえることは、賢い母親のいることを前提にした教育はすべきでない。とすれば、子どものまちがいを読める教師になることだ。

そういう教師になるには、つねに、子どものまちがいから授業を発想することだろう。

実際、子どものまちがいのなかに授業の手がかりがある。子どものまちがいは「授業のネタの宝の山」なのである。

7　教師の生徒への悪口、その真意を聞く

✣お口が疲れたあ

「あのね。子どものつぶやき」というコラムが朝日新聞に連載されている。幼児をネタにした笑話集である。そのなかにこんなのがあった。

「もうすぐ一年生。入学説明会から帰って『お口が疲れたあ』。なぜかと尋ねると『静かにしていなきゃいけないから、ずっとお話しができなかったでしょ』（六歳）」

これは子どもにかぎらず、大人もそうで、相手の話をじっと聞いていると、けっこう疲れる。その意味では忍耐が必要である。

楽しい話ならなんてことはないが、聞くに耐えない話を聞くのは辛い。たとえば、職員室で生徒の悪口を聞くようなときである。

その忍耐を克服するには、想像性が必要である。相手の話を聞きながら「その真意」を探るという操作である。

授業から職員室へ戻ってきた教師が、「まったくあの生徒には頭にくる。教師をなんだと思っているんだ。失礼な奴だ。面も見たくない。品性下劣で、豚みたいな汚らしいやつだ。だいたい。この学区の生徒は程度が低い。親のしつけもなってない」と、生徒の悪口を言い出した。

そういう生徒への悪口雑言を聞くたび「なんという教師だ」と、軽蔑してきた。わたしも悪口雑言をはくが、生徒の悪口を言うことはしなかった。

たしかに生徒のなかに「こいつめ」と怒りたくなることがあり、実際に、怒ったりもしたが、その話を職員室へもってきて「生徒の悪口」を言う気にはならなかった。そういう生徒を指導してこそ、教師だという矜持《きょうじ》がそれを言わせなかっただけである。

だから、職員室で生徒の悪口をいう教師は、浅薄で、教師としての力量や資質に欠けるのではないかと思っていた。

✣報われない苛立ちに共感

しかしあるとき、このわたしの考えがまちがっていることに気づいた。荒れた学校に転勤して、職員室とは、いろんなことが言えるところではないかと思うようになった。職員室は職場ではあるが、家庭のように避難場所であり、憩いの場であり、逃避場であり、癒しの場でなくてはならないと考えた。かっこいいことだけを言う場所ではなく、限度はあるものの、生徒や保護者や地域の悪口、ときに管理職や同僚の陰口を叩いてもいいのではないか。それを言わずにいると、腹がふくれるのではないかと。

そう思ったら、生徒の悪口も、冷静に聞けるようになった。正確にいうと「冷静なふりをして」である。

だから、冒頭の六歳児のように疲れた。

冷静に聞くうちに、生徒の悪口に潜むひとつの真理を発見した。

それは「自分はいっしょうけんめいにやっているのに」それなのに「わたしの言うことを聞かない悪い生徒がいる」ということだった。自分の誠意や努力が報われない怒りが、生徒へ直線的に向けられていたのだった。

その教師の努力や誠意は、客観的に見てレベルも低く、妥当性を欠く恨みはあったが、しかし、本人なりに努力している。その努力が報われない苛立ちが爆発して、生徒への悪口雑言となって表現されたのである。

とすると、聞くほうとしては、「その努力や誠意を認めてやることだ」と考えた。

「先生がいっしょうけんめい努力し、誠意をもって指導しているのにねえ」と、あいづちをうつことにした。

そして「こんないい先生を困らせるなんて、なんということでしょう」と、教師の怒りに共感することにした。

いろいろ試したなかで、この聞き方が最善の方法だった。

同僚教師の、生徒への悪口を聞くのは辛いけど、その真意は「自分の努力が報われない」ということである。その真意を聞いてやることが、悪口を言っている教師にとって癒しとなるのであった。

つまり、「わたしの生徒にたいする努力と誠意を認めてくれる仲間がいた」。このことで怒りも治まり、救われたのである。

こうして、冷静になったところで、

「先生は心が広いから、これですんでいるけど、ほんとだったらたいへんだよ」

「生徒も今ごろ、反省していますよ。多くの生徒は、先生の努力と誠意は認めていますよ」

「このごろ、教師の誠意や努力が通じなくなってきましたね。そのつど怒っていると、精神衛生上よくないから、どうしたらいいのか。学年会で話し合うことにしましょう」

こうした生徒の悪口を契機に、職場のなかで、子どもをどうとらえるか、学習することにした。

8　沈黙の怖さに打ち勝つ、聴く心得四か条

✣よく聴くためのコツ

元旦（二〇〇四年）の「朝日新聞（東京版）」に、「聴く力」と題する特集記事が掲載されていた。その記事のまとめとして、東海大学の村田久行教授が「よく聴くためのコツ」として「聴く心得五か条」をあげている。

1．自分の意見・感想をはさまない
2．相手の気持ちをそのまま返す術を活用する
3．沈黙を怖がらず、次の言葉を待つ
4．秘密をもらさない
5．尊敬と思いやりの気持ちをもって聴く

とあった。村田教授は、「傾聴について、対人援助の立場から研究し、市民団体『神奈川ＡＬＣ』を主催して傾聴ボランティアを養成している方」とあった。そういう活動のあることをはじめて知った。現代社会において、「聴く」ということが、いかに求められているのかがわかる。

✣「気詰まり感」を「ゆとり感」に変換

この五か条を読んで、ふと思いだしたことがある。それは、わたしの苦手だった項目である。「3．沈黙を怖がらず、次の言葉を待つ」が、それだ。

言葉のやりとりがとぎれ、間があくと、気詰まりに襲われるのである。気持ちが押さえつけられたような窮屈さを感じ、たまらずに、なにか話しだしてしまうのである。とくに、相手が自分より年長者だと、圧迫感を感じ、ときに、拒否されているようにも感じたりする。そういう感情を村田教授は「怖い」と形容したのであろう。

ところで、教師と子どもとの対話で、教師が気詰まりを感ずれば、子どももまた同じように感ずる。そういう感情が相乗しあって、再開後の対話は、いっそうぎくしゃくしてしまうのである。

そこで、この「気詰まり感」を「ゆとり感」に変換するにはどうするか、いろいろ試みてみた。「別の話にふる」「水を飲ませる」「続きは明日にしようと日延べする」「体調を聞く」など。

だが、いちばん成功したのは、次のような対応であった。

1．笑顔になり、

2．視線を柔らかくして、子どもの胸のあたりをみながら、

3．静かに子どもの心と対話し、

4．ときに、かすかにうなずいたりする。

よく、沈黙の間に「うん、うん」とあいづちをうつ人もいるが、あまり大きなあいづちをうつとわざとらしい一人芝居になるので、かすかにうなずく程度がよい。

こうすると、双方の気詰まり感も薄れ、子どもはしだいにその心を開き、次の話がしやすくなる。

つまり、教師が「ゆとり感」をもって臨むようになれば、子どももまた、ゆとりをもって、臨むようになる。「沈黙」の「怖さ」に、これが打ち勝つ方法だろう。

9　子どもたちと雑談する

✣子どもの話を聞く教育的システム

子どもの話を聞く学校全体の教育的システムを考えるには、子どもはだれに自分の悩みを聞いてもらいたいかを考えることがポイントである。

学齢によって異なるが、第一位は「親」である。しかし、中学生くらいになると、

「友人」になる。あと、いろいろでてくるが、「学校カウンセラー」や「先生」と答える中学生は少ない。先生にあまり自分の弱みを知られたくないからだろう。「それはよくないぞ」と無理にこじあけて、先生を第一位にすることはない。子どもは聞かれたくないものに、聞いてもらうことはしないからだ。

子どもがいちばん聞いてもらいたいのは、友人であるが、だとするなら、子どもたちの友人つくりを支援し、その友人関係の質を引き上げ、悩みを語り合える関係に高めるよう励ますことであろう。

友だちにもいろいろある。いっしょにいるから友だち、いっしょに行動するから友だちという段階から、注意しあえる関係、悩みを打ち明ける関係、さらに、刎頸《ふんけい》の、水魚《すいぎょ》の交わりという段階へ、その理想は「走れメロス」のメロスとセリヌンテイスの関係であろう。

こうした友だちとはなにか、どういう友だちが親友なのか。そういう友だち論をとおして、友だちづくりを支援することである。

そのためには、子どもたちの交わりを深める諸活動を活性化することである。子ども同士がお互いに聞きあい、励ましあうという関係を多様につくり出すのである。

✣教師がモデルになる

このとき大切なのは、その子どもたちの「聞きあい、励ましあう」モデルは、教師の日常の、子どもとの「聞きあい、励まし」が原形になっているという自覚である。教師が権力的に子どもに対応し、子どもの話を聞かないようだと、子どもたちも感化され、仲間の話を聞かないようになる。

教師は、言葉によって子どもを動かすが、自身の行為・行動によっても子どもたちに教えている。その意味では、教師は子どもたちのたえざるモデルである。

教師がまず聞き上手になることである。ときに、教師は神父となり、ときに、精神医となり、ときに、母に、父になって、子どもの話を聞くことである。

給食の時間、順番に班をまわって食べたことがあるが、食べながら話すうちに、「ねえ、お父さん」とわたしに呼びかけた子どもがいる。日常の食卓とまちがえたのだろう。「先生」と呼ばれるより「お父さん」と呼ばれた方がうれしかったが、子どもとの心理的距離を縮めていけば、やがて「聞いてよ」と、訴えてくるようになるかもしれない。

✣雑談の三つの効用

教師が子どもの話を聞くには、まず雑談からはじめることである。そういうと「忙しくて子どもたちと話すこともできない」というが、仕事の中の「雑談」の優先順序をあげればいいのである。

「雑」だからと、優先順位を最下位にするから「話す時間がない」のである。これを上位にあげれば話す時間はつくれる。

「雑談」のよいところは、「雑」だから時間や場所を選ばなくていいことだ。朝からいうと、始業前のひととき、休み時間、給食の時間、掃除の時間、放課後、子どもと話をする。いや、もっぱら「話を聞く」のである。

近年、子どもに説教はできるが、雑談のできない教師が増えているというが、雑談の苦手な教師は、子どもたちと対話・会話をしようとするのではなく、話を聞くことからはじめればいいのである。しゃべり過ぎないということだ。

雑談のなかで「聞く」には、三つある。

1．子どもたちから情報をとろうと聞く。

2．子どもの心を聞く。心を受けようと聞く。

3．自分の知らないことを聞く。

1は、子どもの話を聞きながら、いじめはないか、隠れ非行はないかとか、子どもたちの趣味や関心や気分、学級・授業・家庭の状況、ものの見方・感じ方・考え方・行動のし方を知り、子ども理解を深める。

2は、子どもの言い分や感情に共感することである。子どもが話しやすいように聞く。鬱憤《うっぷん》の受け口となって聞く。共有しながら聞くという聞き方である。

1、2のどちらも「聞く」であるが、前者だけに固執してはならない。情報をとるために聞いていることが子どもに分ると、子どもはしだいに本音で語らなくなり、教師への警戒感を強めるからである。雑談はあくまでも雑談で、無責任な放談なのである。

3は、子どもは時代の先端をいく。したがって、教師の知らないことを知っている。教師の知らない話題が出たら遠慮なく子どもに聞き、子どもに教えてもらうようにする。

多くの子どもは「なんとか博士」「なんとか名人」である。その知識やわざを子どもから学ぶのである。教師に教えるときの子どもの誇らしげな顔ったらありはしない。子どもから学ぶことに教師は謙虚でなければならない。

一方、子どもたちも、自分たちの話をよく聞いてくれる先生が好きになり、信頼するようになる。子どもは、自分たちの話を聞いてもらうことで教師となかよくなれたと思うからである。

日ごろ、教師は「なにかあったら先生に相談してください」と子どもたちに言う。しかし、そう言われても、「相談に耐えうる教師かどうか」わからない。だが、雑談するうちに、「この先生は相談できる」ことがわかってくる。「雑談」というカジュアルなコミュニケーションから「相談」というフォーマルなコミュニケーションがイメージできるようになるからである。

子どもたちとの雑談を勧めたい。同時に、学校当局は、教師と子どもたちの雑談のできる時間と場をつくりだすように努めることである。

10 「異端」「思想」調査になっていないか

✣知っていることを聞くのはなぜか

授業中、教師は子どもたちに聞く。ふつう聞くのは、知らないことを知るために聞くのである。ところが、教師は、なぜか、自分の知っていることを聞く。知っていることなら、教えてやればいいのにと思う。

だが、知っていることを「聞く」のは、それが教授法だからである。

授業中、教師が聞くのは「問い」という。聞くには「問う」という機能が含まれている。教師が「問う」と、子どもたちが「答える」。これが問答法という教授法である。

この問答法の活用者として最も有名なのは、ソクラテスである。ソクラテスは問答法が得意だった。相手と問答をくりかえすうち、相手に「自分はなにも知らなかったのだ。まったくの無知だった」ということを自覚させる。そこへ追い込んでいくのである。

人間は、既成の概念や認識によってまちがったものの見方・感じ方・考え方をしている。だが、ソクラテスは問答をくりかえしながら、そのまちがいに気づかせる。気づいたものは、原点に立ち戻ることになり、そこから新たな知の世界へと旅立つことになるというわけである。

問答法によって、相手を生まれたての知の赤ちゃんに引き戻すというので、この方法は産婆法とも呼ばれた。

ソクラテスの問答法は、その後、教授方法として引き継がれ、子どもたちの興味や関心を誘発し、知識や技能を引き出し、考えたり、調べたり、書いたり、ときに、是非を論じたりする知的探求の方法として発展していった。

現在の「発問」の原形は、ソクラテスによってつくられたというわけである。

✣「教義問答」になっていないか

ソクラテスの問答法は、その後、キリスト教社会に引き継がれ、教義問答に発展していった。

教義問答とは、人々がキリスト教の教えを守っているかどうかを調べる方法である。審問官が人民にキリスト教の教えについて質問して答えさせ、認識している教義の正誤を点検したのである。

もし答えがまちがうと、異端者として審問にかけられ、火炙《あぶ》り・獄門の刑に処せられるというので、大恐慌をまきおこした。

そこで登場したのが、詰め込み学習である。人々は聞かれそうな教義を丸暗記して覚えたのである。

知識は、本来、理解―定着であるべきなのに、非常事態ということで、記憶―定着させて覚えることになった。詰め込み教育は、こうして始まったようである。

この教義問答法が、今日の「質疑応答」の原型である。

しかし、教師の「聞く」が、「校則調査」によって学校管理に抗する異端の有無を調べる「教義問答」になることはないか。さらに、思想・信条を「聞く」ことで、お上の意に反する子どもを抑圧したり、差別したりする「教義問答」になることはないか、再検討したいものだ。

※「聞く」教育の手引書に――あとがきにかえて

✣社会病理を解決する重要なコミュニケーション

聞くことのもっとも原初的に洗練された様式は、キリスト教カトリック系の「懺悔《ざんげ》」である。キリスト教には神父と牧師がいる。区別がつかなかったが、神父はカトリックの司祭で、牧師はプロテスタント、新教の指導者であるという。

西欧の映画で、教会の懺悔室で信者が金網越しに罪を告白する場面がよく出てくるが、その教会はカトリックで、その告白を聞くのは神父である。カトリックの信者は心に悩みを抱くと教会へ出かけ、懺悔する。懺悔は罪と許しの宗教的行為である。信者が自己の罪や過ちを悪かったと反省し、神父に告白する。神父はその告白を聞き、神にかわってその罪を許す。信者は、その罪を許されることで癒される。

仏教の宗派に、「南無阿弥陀仏」と唱えさえすれば極楽に行けるという簡便法があるが、この懺悔も、贖罪《しょくざい》の簡易法である。

懺悔の内容は、つまみ食いしたというようなたわいのない懺悔から不倫や殺人にいたるまで、多岐にわたる。神父はその話をじっと聞き、神の許しを請うた告白の故をもって、神になりかわって、その罪を許す。

神学的に、どのような意味になるかはよくわからないが、心理学的には心に溜まった自己否定的な感情を吐き出し、すっきりする。浄化されるわけである。

この神父の信者の懺悔の聞き方は「聞く」ことの究極の理想形であろう。話し手の全人格をあるがままに受容して聞きとっている。けっして「評価」することなく、感情を交えることなく、聞き取っている。いや、聞き届けているといったほうがよいかもしれない。

ただし、神父の聞き方にはセオリーがある。

一つは、信者の懺悔を黙って聞く。意見を述べたり、説教したりはしない。ひたすら聞く。

二つは、神父はどんな告白を聞いても、ぜったいにだれにも漏らさない。たとえば、殺人の告白を聞いても、官憲に告げることはない。だから、信者はあますことなく懺悔する。安心して自己をさらけだすことができる。しかも、どんな罪でも、その秘密は保たれるので、安心して告白し、許しを乞うことができる。

ところが、これはカトリック系の話で、新教には懺悔室はない。では、新教の信者はどのようにして、心にある悩みを聞いてもらうのだろうか。それが精神医である。新教徒の多い地域では、精神医の数も多く、罹っている人も多い。教会へ行く代わりに精神医へ通うわけである。

アメリカ人は、よく「今、わたしは精神分析を受けている」などと平気で人に話す。日本では「精神分析を受けている」と他人に話す例は少ない。受けていても隠そうとする。精神医へかかるのが、西欧では、教会へいって懺悔するほどのことで、精神障害を意味するものではないからだろう。

精神医に通うのは、聞いてもらうためである。人は、心の悩みを聞いてもらえると、解消される。また、聞いてもらって、その悩みがなにからきているのか分析してもらい、その理由がわかると解消される。精神医にかかるのは、このふたつの理由からである。精神医の部屋は近代的な懺悔室の役割を果たしている。

さりとて、精神医にかかれない貧乏な人はどうするか。ボランティア活動の催すグループ・セラピーに参加する。アルコール依存症、家庭内暴力など、種別に応じたボランテアがいろいろある。心に悩みをかかえた人はそのグループに参加する。

これらのグループの活動の特徴は、輪になって座り、人の悩みを聞き、自分の悩みを語ることである。最初は人の告白を聞きながら、自分と相似点や共通点を知り、しだいに心を開いていき、やがて、自分の悩みをみんなに聞いてもらうようになる。聞いてもらえると、しだいに浄化され、癒されていく。同病相励ますなか、連帯を感じ、助け合う人の輪が結ばれるのである。

以上は、社会の「聞く」というシステムで、「聞く」は今や社会病理を解決する重要なコミュニケーションとなっている。

✣学校の「聞く」力を高める

このことは教育の場でもかわらない。

では、教育の場で「聞く」は、どうシステム化されているのだろうか。はっきりいってなにもなかった。もっぱら家庭の役割としてきた。だが、家庭崩壊が激しく、癒しの場でなくなってきた。

そこで、学校にカウンセラーを設置しようとなった。行政としての今日唯一の処方箋である。

しかし、それだけで、子どもたちの心にあるものを「聞く」ことはできないだろう。試験的に、カウンセラーを設置した学校があったが、その利用者の六〇％は教師で、生徒は三〇％、うち、常連が半分、残りは保護者だったという。

教師が最大の利用者とだったとは皮肉である。しかも、相談内容は「学級の子どものこと」に寄せて、「夜、眠れない」「朝になると、胃が痛む」といったような、教師自身の悩みを相談する内容が多かったようである。

そういう現状をみていくと、現在の学校のシステムに、子どもたちのためのカウンセラーが根付くまでには、相当の年月がかかるだろうと思う。たぶん、根付くことはないかもしれない。とすると、カウンセラーに期待される、学校に「癒し」の機能をプラスすることはできない。

考えを変えなくてはならないのだが、硬直化した学校制度のなかでは、そう簡単には変わらない。とすれば、教師は子どもたちの相談係として、子どもたちの話の聞き役を引き受けなくてはならなくなった。

だが、教え好きな教師は、子どもから「聞く」ことについてのとまどいがある。

本書はそのとまどいを解き明かし、どうすれば「聞く」ことができるのか、そのわざをまとめた。いわば、「聞く」教育の手引書である。

家本芳郎（いえもと・よしろう）
1930年、東京生まれ。神奈川県の小・中学校で約30年、教師生活を送る。退職後、研究、評論、著述、講演活動に入り、長年、全国生活指導研究協議会、日本生活指導研究所の活動に参加。全国教育文化研究所、日本群読教育の会を主宰した。2006年２月没。
著書：『教師のための「話術」入門』『子どもと生きる・教師の一日』『教師におくる・指導のいろいろ』『群読をつくる』『群読・ふたり読み』『イラストでみる楽しい「指導」入門』『イラストで見る楽しい「授業」入門』（以上、高文研）ほか多数。

教師のための「聞く技術」入門

●二〇〇五年　三　月一五日――――第一刷発行
●二〇〇六年　六　月二〇日――――第二刷発行

著　者／家　本　芳　郎

発行所／株式会社 高文研
東京都千代田区猿楽町二―一―八
三恵ビル（〒一〇一＝〇〇六四）
電話　03＝3295＝3415
振替　00160＝6＝18956
http://www.koubunken.co.jp

組版／Web D（ウェブ・ディー）

印刷・製本／株式会社シナノ

ISBN4-87498-339-1　C0037